The World as an Impression

The Landscapes of Emilio Giuseppe Dossena

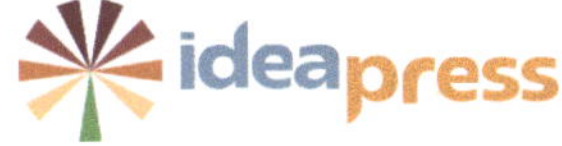

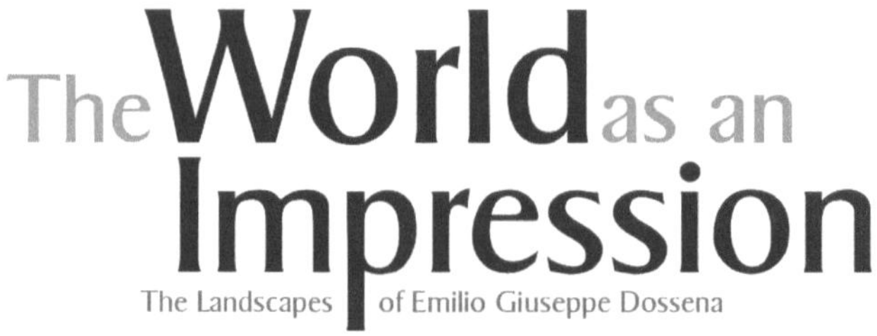

Copy Editor (English): Dr. Samantha Dossena
Copy Editor (Italian): Nicoletta Mita Dossena
Cover Design & Layout By: Dominic A. Campanile
On the cover: 34th Street; acrylic on wood, 1973
On the back cover: NYC Skyline; acrylic on wood, 1975
by Emilio Giuseppe Dossena (1903-1987)

Photo credit for "Small harbour" on pg. 13: Lina Testoni
Photo credit for pg. 74 & 79: Marilena Dossena

ISBN: 978-1-948651-16-5
Library of Congress Control Number: 2020943670
Published by: Idea Press (an imprint of Idea Graphics, LLC) — Florida (USA)
www.ideapress-usa.com • email: ideapress33@gmail.com • editoreusa@gmail.com
Printed in the USA - 3rd Edition, March 2021

TIZIANO THOMAS DOSSENA

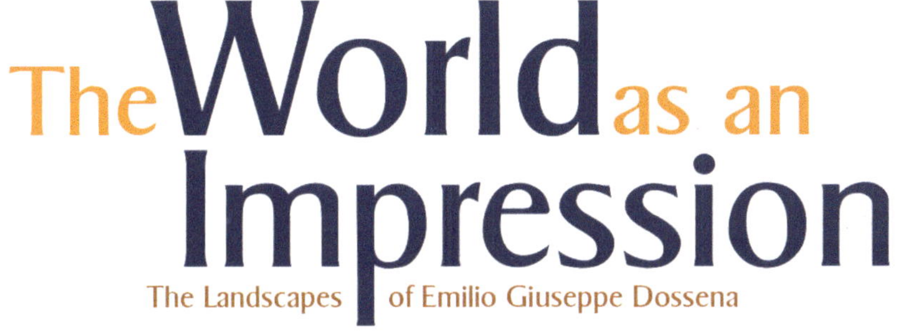

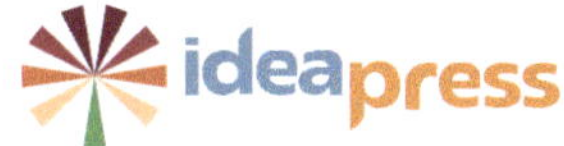

To my mother,
who understood what living in
the creative world of an artist meant.

A mia mamma,
che capì cosa volesse dire vivere
nel mondo creativo di un artista

Aknowledgements

Ringraziamenti

I would like to thank my wife, Nicoletta, and my daughter, Samantha, for patiently editing this book; my sister, Marilena, for providing some of the pictures; and Dominic Campanile for bringing back the original colors of the images and making this book an artwork in itself. A special thank to Vittoria Orlandi Balzari for her help with some of the artistic terminology.

Ringrazio mia moglie, Nicoletta, e mia figlia, Samantha, per il loro lavoro di editing; mia sorella, Marilena, per le varie immagini da lei fotografate; e Dominic Campanile per aver riportato al colore originale le immagini, facendo di questo libro un'opera d'arte. Un ringraziamento speciale a Vittoria Orlandi Balzari per la verifica della terminologia artistica.

Introduction

by Tiziano Thomas Dossena

Introduzione

The landscapes of Emilio Giuseppe Dossena were well known in the years in which he produced them, as they were captivating to their audiences on many levels. He painted a variety of contrasting landscapes — from the soft valleys of Umbria to the centenary trees of Lombardy, from the sea cliffs of Liguria to the Alpine huts of Piedmont, from the gypsy caravans to the circus troupe encampment. Through his paint strokes, we were able to view the world as it was through his eyes, realistically and without gimmicks, an appeal that has set him apart from other artists of his time.

His pictorial style evolved throughout the years, maintaining the faithful reproduction of his impressions and feelings on realistic representations of his subjects. An exception to this is the neo-expressionist period that he embraced in the early 70s, in which his emotions are prioritized over the realistic portrayal of the landscapes.

This partial monograph offers the opportunity to explore a selection of his landscapes works throughout his extended artistic career, introducing them to new generations. In seeing his artwork and the essence of his artistic expression, the reason for his success is revealed.

I invite the reader not only to admire the works of this artist, but also to research and discover the multidimensional characteristics of his art.

I paesaggi di Emilio Giuseppe Dossena erano ben noti negli anni in cui li produsse, poiché erano accattivanti per l'osservatore a molti livelli. L'artista dipinse una varietà di paesaggi contrastanti: dalle morbide vallate dell'Umbria agli alberi centenari della Lombardia, dalle scogliere marine della Liguria alle baite piemontesi, dalle roulotte zingare all'accampamento della compagnia circense. Grazie al lavoro delle sue mani, siamo stati in grado di vedere il mondo com'era attraverso i suoi occhi, realisticamente e senza espedienti, una caratteristica che lo ha distinto dagli altri artisti del suo tempo.

Il suo stile pittorico si è evoluto nel corso degli anni, mantenendo la fedele riproduzione delle sue impressioni e sentimenti nelle rappresentazioni realistiche dei suoi soggetti. Un'eccezione a questo è il periodo neo-espressionista che lui abbracciò nei primi anni '70, in cui le sue emozioni sono prioritarie rispetto alla rappresentazione realistica dei paesaggi.

Questa monografia parziale offre l'opportunità di esplorare una selezione delle sue opere paesaggistiche nel corso della sua lunga carriera artistica, presentandole alle nuove generazioni. Nel vedere le sue opere d'arte e l'essenza della sua espressione artistica, viene rivelata la ragione del suo successo.

Invito il lettore non solo ad ammirare le opere di questo artista, ma anche a ricercare e scoprire le caratteristiche multidimensionali della sua arte.

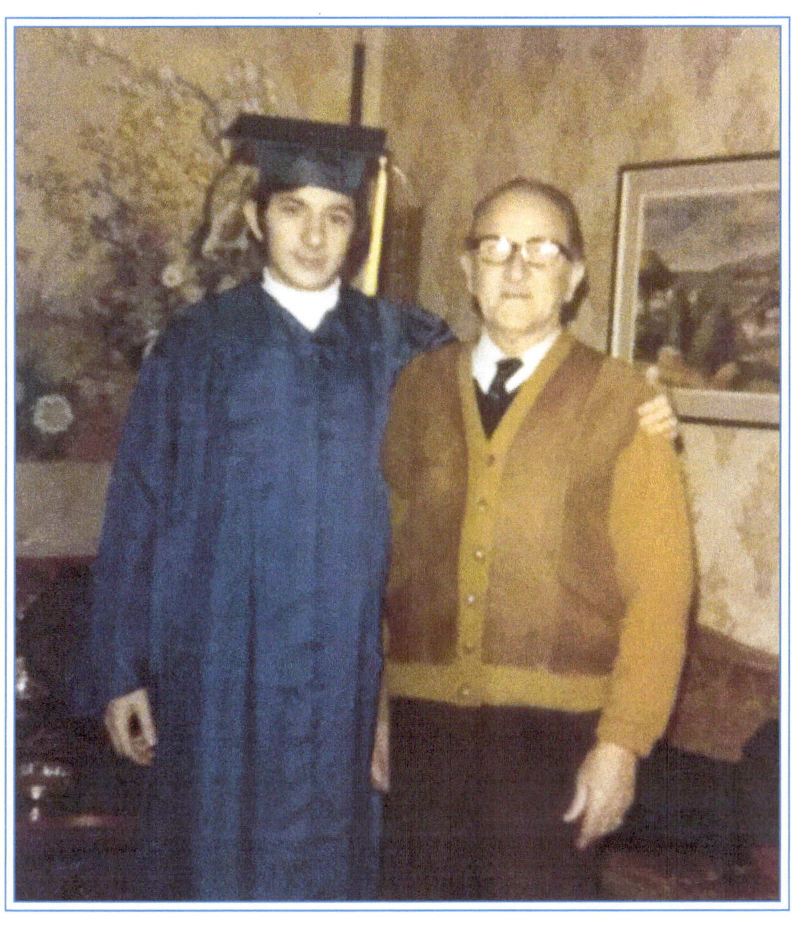

Tiziano T. Dossena with the father, Emilio Giuseppe Dossena, after his high school graduation (January 1971)

Tiziano T. Dossena con suo papà, Emilio Giuseppe Dossena, dopo il completamento degli esami di maturità (Gennaio 1971)

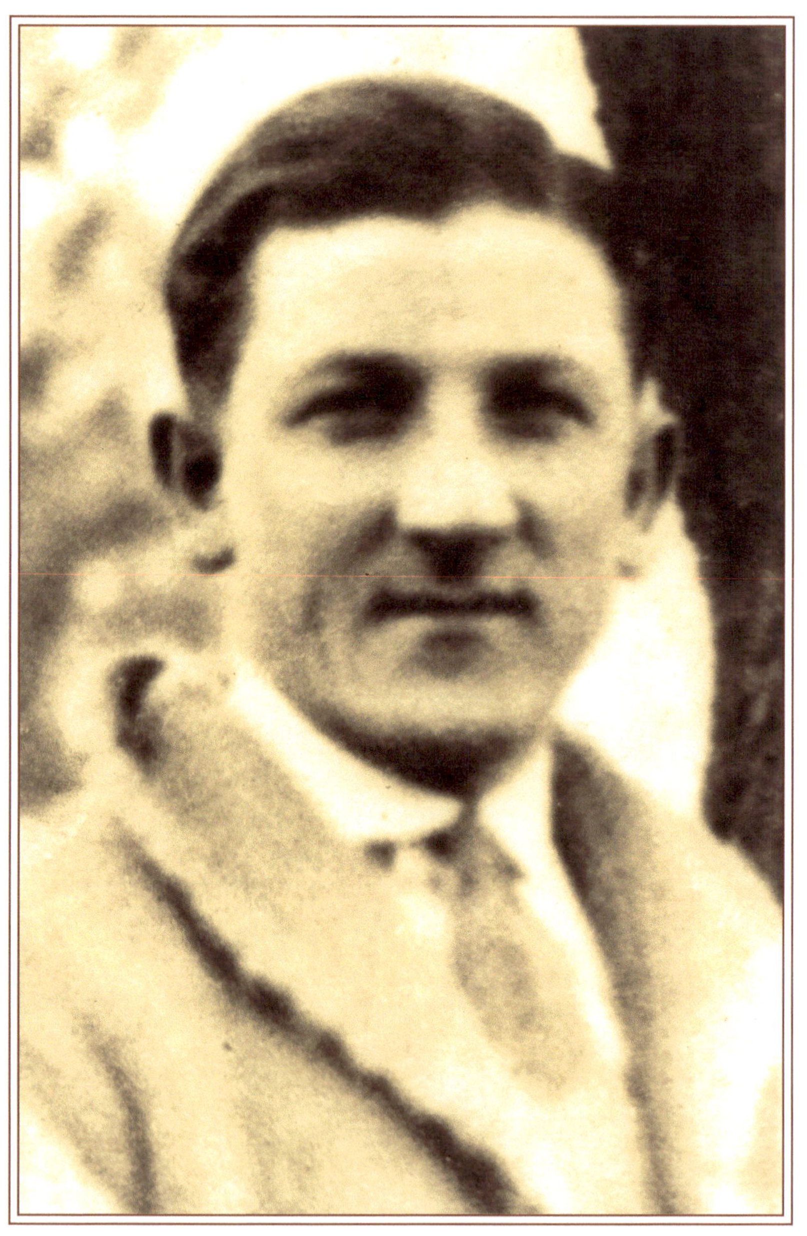

The artist at 26

L'artista a 26 anni

1

The Life of the Artist

La Vita dell'Artista

Emilio Giuseppe Dossena was born in Cavenago d'Adda (MI) on December 10, 1903.

He attended the Academy of Fine Arts of Brera and the Scuola del Castello in Milan, creating in this period deep friendship with the artists Sassu, Guttuso, Cantatore and Lilloni.

Dossena immediately showed a clear tendency towards impressionism, but for many years he dedicated himself to the easel only in his spare time, making a name for himself with the restoration and decoration of villas, castles and churches. In the Pirelli, Invernizzi, Necchi, and Toscanini residences, "Emilio Giuseppe Dossena decorated, restored and painted large panels with mythological, archaic and battles themes[1]." Some of his works were located in the Italian Embassy in Addis Ababa, Ethiopia, but were destroyed in the Second World War.

Despite this activity, the artist retained his artistic integrity, maturing from a palette based on natural pigments, whose originality had differentiated him from his contemporaries, to a wide-ranging chromatic choice.

The first personal exhibition at the Galleria Gavioli in Milan (1943) achieved exceptional success and all the works on display were

---

1. Ferruccio Pallavera, *Giuseppe Dossena, "Ambrogino d'oro," L'Amico,* November 2002, p.10, Cavenago D'Adda

sold. The exhibitions at the Hoepli Gallery in Milan (1964) and at the Palazzo dell'Arredamento in Desio (1967) continued to satisfy both the public and the art critics. Interesting is the notion that the artist signed his paintings with *G.Dossena* (Giuseppe Dossena) until the mid-fifties, when he mysteriously began to sign his own paintings E.G.Dossena.

After the loss of his Milan studio due to a fire, the artist moved to New York. In the Berger studio, Dossena devoted himself to the restoration of works by the masters, belonging to museums and private collections, including the Metropolitan Museum of New York and the Playboy Club.

In America, the artist slowly "transformed his painting from impressionist to neo-expressionist, with more simplified, almost essential figurative, without schematic or structural restrictions. The form is almost torn from nature, in the continuous search to contain and interpret the existential essence and express these new, irrepressible sensations that the artist feels far from the mother country.[2]"

In New York, the exhibitions at the Columbus Citizens Committee (1973) and at the Galerie Internationale (1973, 1974) obtained enviable results and his painting continued in its chromatic and expressive evolution, gaining the approval of the critics: "His paintings are exuberant works in which the rich and assertive color is used to bring to light various subjects, both abstract and symbolic-representative. The nervous energy that is channeled in the artistic treatment of his works reappears in our eyes like a sensitive explosion of colors...[3]"

Another critic called him "Brilliant colorist, he brings the light of nature and the joy of life to his canvases. A painting... rich in mixture and at the same time airy, lively and light as a sweet caress.[4]"

In 1976, Dossena returned to Italy and resumed painting in an impressionistic vein, but with a more aggressive and complex color range

2. Tiziano Thomas Dossena, *ATTRAVERSO L'OCEANO: La Vita di Emilio Giuseppe Dossena, L'Idea* N.72, p. 25, 1998, Brooklyn, NY

3. Dorothy Hall, *NY Park East,* p. 18, March 23, 1974

4. Mario Albertazzi, *Il Progresso Italo-Americano,* March 26, 1974, New York

than in the past. This metamorphosis occurred in his paintings without a loss or reduction of that characteristic delicacy of his images that had always made his art loved by critics.

His solo exhibitions at the Galleria Treves in Spotorno (1977), Il Portichetto di Stresa (1978), and at the Circolo Ambrosiano Meneghin and Cecca (1983) crowned him as a great master. The Italian press once again talked about him. The art critic Mario Portalupi asserted: "In truth his pictorial process is due to the impressions, the consequent emotions, which transform reality and regulate the chromatic entities on the canvas...[5]"

Enzo Lepore, friend and biographer of the artist asserted that Dossena ."... excels for the luminous harmony of chromatic contrasts and stands out for the expressive purity of his vigorous and original style ... His painting is fresh, throbbing, rich in vast conception and spirituality, in a frame of bright and intense colors...[6]"

In 1985, the Municipality of Milan awarded him the Golden Ambrogino for the Arts and a few days before his death on March 23, 1987, the artist received an honorary degree from the United States. In 1989, the city of Alassio requested that a ceramic with his signature be placed in his renowned wall.

He was a member of many academies, including the Accademia Tiberina and the Accademia dei Bronzi. The artist also dedicated himself to poetry, receiving numerous prizes and awards, and many of his poems were published in magazines and anthologies. The posthumous exhibition of 1998 at the Trask Gallery of the National Arts Club of New York, organized by his son and the Italian American periodical L'IDEA Magazine (*New York*), was the first of an Italian artist at this cultural institution and obtained an unmatched record of visits.

---

5. Ferruccio Pallavera, *Giuseppe Dossena, "Ambrogino d'oro," L'Amico,* November 2002, p.11, Cavenago D'Adda
6. Ferruccio Pallavera, *Giuseppe Dossena, "Ambrogino d'oro," L'Amico,* November 2002, p.12, Cavenago D'Adda

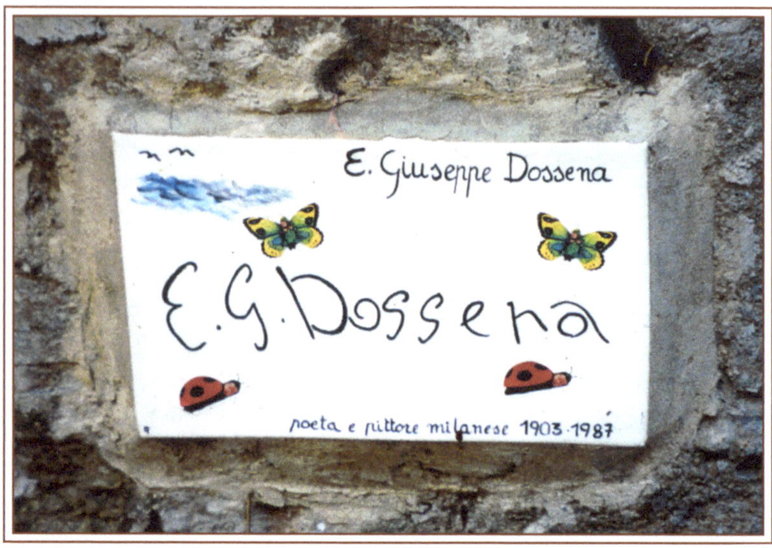

Ceramic tile with the artist's signature on the famous Muretto d'Alassio, alongside people like Ernest Hemingway.

Piastrella con la firma dell'artista inserita sul famoso Muretto d'Alassio, a fianco di nomi come Ernest Hemingway

Emilio Giuseppe Dossena nacque a Cavenago d'Adda (MI) il 10 dicembre 1903.

Frequentò l'Accademia di Belle Arti di Brera e la Scuola del Castello a Milano, creando in questo periodo profondi rapporti d'amicizia con Sassu, Guttuso, Cantatore e Lilloni.

Dossena dimostrò subito una chiara tendenza all'impressionismo, ma per molti anni si dedicò al cavalletto solo nel tempo libero, facendosi un nome con il restauro e la decorazione di ville, castelli e chiese. Nelle residenze dei Pirelli, Invernizzi, Necchi, Toscanini, "Emilio Giuseppe Dossena decorò, restaurò e dipinse grandi pannelli con temi mitologici, arcaici e battaglie"[1]. Sue opere si trovavano presso l'Ambasciata d'Italia di Addis Abeba, in Etiopia, ma furono distrutte nella seconda guerra mondiale.

1. Ferruccio Pallavera, *Giuseppe Dossena, "Ambrogino d'oro", L'Amico*, Novembre 2002, p.10, Cavenago D'Adda

Nonostante questa sua attività, l'artista ritenne la sua integrità artistica, maturando da una tavolozza a base di terre, la cui originalità lo differenziava dai suoi contemporanei, ad una gamma cromatica di largo respiro.

La prima mostra personale, presso la Galleria Gavioli di Milano (1943) ottenne un successo eccezionale e tutte le opere esposte furono vendute. Le mostre alla Galleria Hoepli di Milano (1964) e quella al Palazzo dell'Arredamento di Desio (1967) continuarono a soddisfare sia il pubblico che la critica. Interessante la nozione che l'artista firmò i propri quadri con *G.Dossena* (Giuseppe Dossena) fino alla metà degli anni cinquanta, quando misteriosamente iniziò a firmare i propri quadri E.G.Dossena.

Dopo la perdita del suo studio di Milano a causa di un incendio, l'artista si trasferì a New York. Nello studio Berger, Dossena si dedicò al restauro di opere dei maestri, appartenenti a musei e collezioni private, tra i quali il Metropolitan Museum di New York ed il Playboy Club.

In America, l'artista trasformò la sua pittura da impressionista a neoespressionista, con un "figurativo più semplificato, quasi essenziale, senza schematismi o restrizioni strutturali. La forma è quasi strappata alla natura, alla continua ricerca di contenere ed interpretare l'essenza esistenziale ed esprimere queste nuove, irrefrenabili sensazioni che l'artista prova lontano dalla madre patria"[2].

A New York, le mostre al Columbus Citizens Committee (1973) e alla Galerie Internationale (1973, 1974) diedero risultati invidiabili e la sua pittura continuò nella sua evoluzione cromatica ed espressiva, ottenendo l'approvazione della critica: "I suoi dipinti sono opere esuberanti in cui il ricco ed assertivo colore è usato per portare alla luce vari soggetti, sia astratti sia simbolico-rappresentativi. L'energia nervosa che è incanalata nel trattamento artistico delle sue opere, riappare ai nostri occhi come una sensibile esplosione di colori..."[3].

---

2. Tiziano Thomas Dossena, *ATTRAVERSO L'OCEANO: La Vita di Emilio Giuseppe Dossena, L'Idea* N.72, p. 25, 1998, Brooklyn, NY

3. Dorothy Hall, *NY Park East*, p. 18, 23 marzo 1974

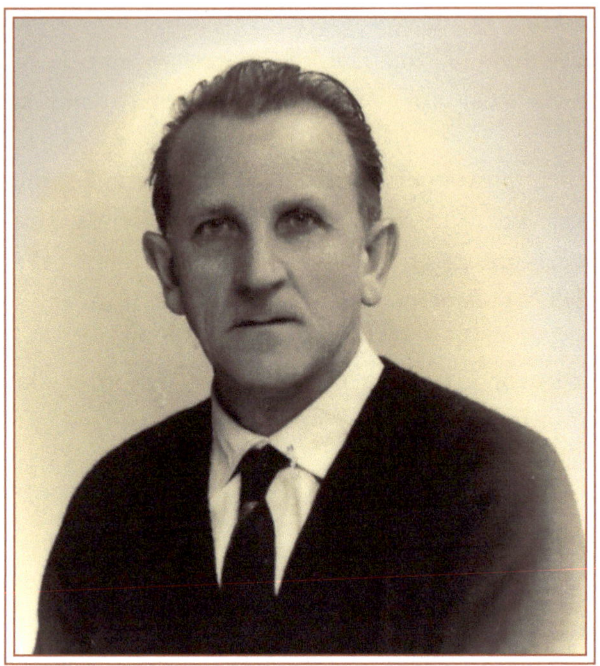

Photo of the artist in 1954

Foto dell'artista nel 1954

Un altro critico lo definì "Colorista brillante, egli porta nelle sue tele la luce della natura e della gioia della vita. Una pittura...ricca d'impasto e nello stesso tempo ariosa, movimentata e lieve come una dolce carezza".[4]

Nel 1976 Dossena ritornò in Italia e riprese a dipingere in una vena impressionistica, ma con una gamma cromatica più aggressiva e complessa del passato. Questa sua metamorfosi avvenne senza perdere quella sua caratteristica delicatezza delle immagini che lo aveva sempre fatto amare dalla critica.

Le mostre personali alla Galleria Treves di Spotorno (1977), Il Portichetto di Stresa (1978), e al Circolo Ambrosiano Meneghin e Cecca (1983) lo coronarono come grande maestro. La stampa specializzata

4. Mario Albertazzi, *Il Progresso Italo-Americano*, 26 marzo 1974, New York

italiana ritornò a parlare di lui. Il critico d'arte Mario Portalupi asserì: "In verità il suo processo pittorico è dovuto alle impressioni, alle emozioni conseguenti, che trasformano la realtà e regolano le entità cromatiche in tela..."[5]

Enzo Lepore, amico e biografo dell'artista asserì che Dossena "...eccelle per la luminosa armonia dei contrasti cromatici e si distingue per la purezza espressiva del suo stile vigoroso e originale...La sua pittura è fresca, palpitante, ricca di vasta concezione e di spiritualità, in una cornice di colori luminosi ed intensi..."[6]

Nel 1985 il Comune di Milano gli conferì l'Ambrogino d'oro per l'Arte e pochi giorni prima della morte, avvenuta il 23 marzo 1987, l'artista ricevette la laurea honoris causa dagli Stati Uniti. Nel 1989 la città di Alassio richiese che una ceramica con la sua firma fosse posta nel suo rinomato *Muretto.*

Socio di molte accademie, tra le quali l'Accademia Tiberina e l'Accademia dei Bronzi, l'artista si dedicò anche alla poesia, ricevendo numerosi premi e riconoscimenti, e molte sue poesie furono pubblicate in riviste ed antologie. La mostra postuma del 1998 presso la Trask Gallery del National Arts Club di New York, organizzata dal figlio dell'Artista con la sponsorizzazione della rivista *L'IDEA Magazine* di Brooklyn, fu la prima di un artista italiano presso tale istituzione culturale ed ottenne un primato di visite non ancora battuto.

---

5. Ferruccio Pallavera, *Giuseppe Dossena, "Ambrogino d'oro", L'Amico,* Novembre 2002, p.11, Cavenago D'Adda
6. Ferruccio Pallavera, *Giuseppe Dossena, "Ambrogino d'oro", L'Amico,* Novembre 2002, p.12, Cavenago D'Adda

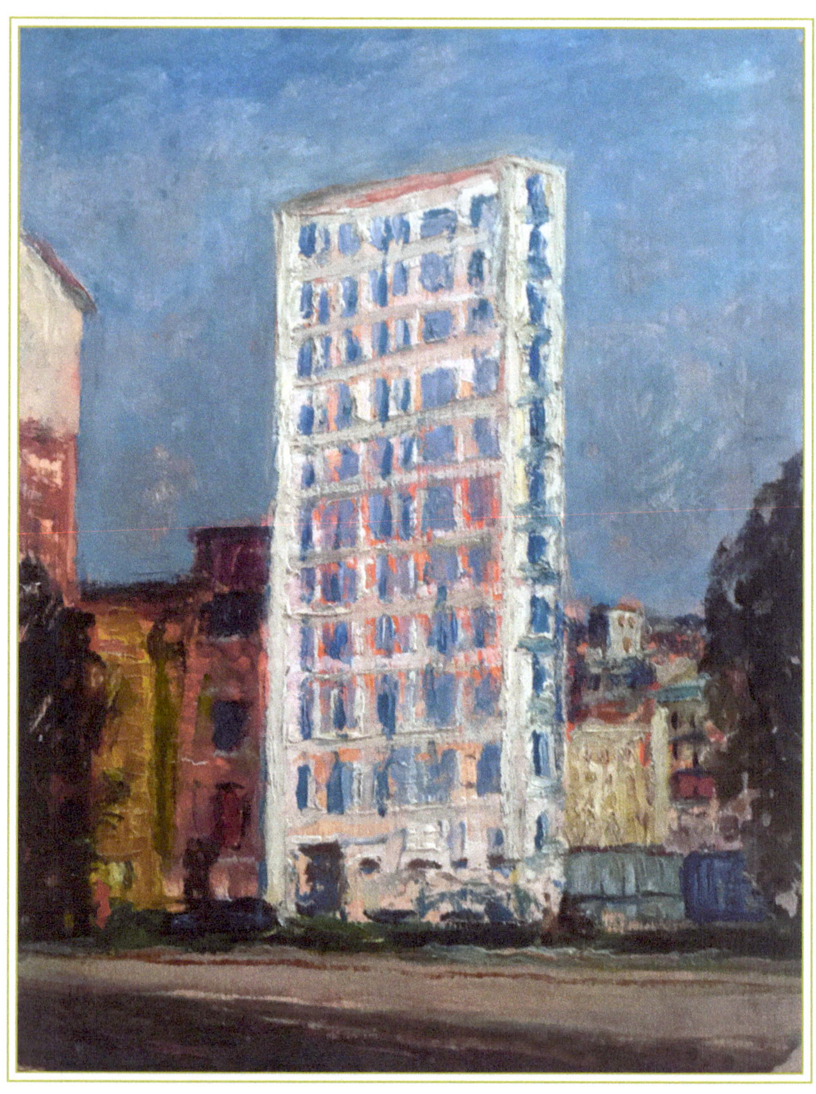

The New Milan; oil on cloth-lined cardboard, 1959

La Nuova Milano; olio su cartoncino telato, 1959

2

The Beginnings and Landscape Paintings

Gli Inizi e La Paesaggistica

In his 1930s artwork, we still find signs of his academic influence and he seems to have not chosen his own direction and identity as an artist, especially when it comes to landscapes. The affinity of the chromatic choices with those of van Gogh is noticed by many critics. Nonetheless, one notices an unusual pictorial sensitivity that is announced by the decisive but light brush strokes in these introductory works. (No color photographs of landscapes painted in those years were available for this book).

In the 1940s, Emilio Dossena desired to deposit more of his emotions in the composition of his pictorial works. We can notice this change particularly in his many family portraits, but also in his landscapes, which have a concreteness and chromatic perceptibility added to increasingly resolute and plastic brush strokes. Thus, Dossena the 'landscape painter' was born. In the subsequent years, this becomes his appellation whenever he exhibits his paintings to the public, precisely because he manages to reproduce the observed landscapes so closely to real life that the observer believes is his only exclusive artistic specialization. He does nothing to dispel this myth about his choice of subjects because he himself prefers to paint outdoors where he can become one with the nature that he loved so much, especially since his job as a restorer and artistic decorator kept him indoors.

Nelle opere create dall'artista negli anni Trenta troviamo ancora tracce dell'influenza accademica, e Dossena come artista sembra non aver ancora scelto una propria direzione e una propria identità, specialmente quando si tratta di paesaggi, che lui dipinge realisticamente e accuratamente. L'affinità con le scelte cromatiche di van Gogh viene notata da molti critici. Ciononostante, già in queste sue opere introduttive

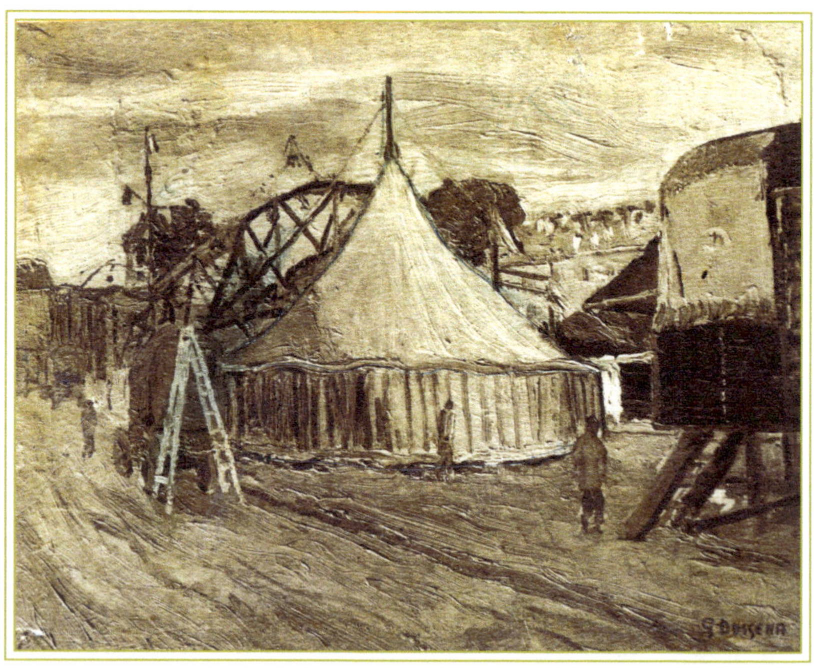

The circus; oil on canvas, 1936 (the color picture is not available)

Il circo; olio su tela, 1936 (la foto a colori non è disponibile)

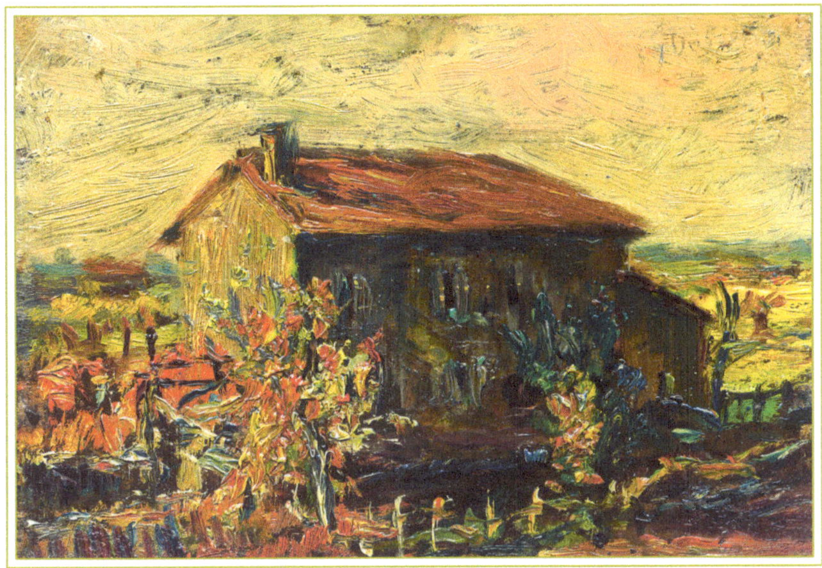

Country house in Grezzago; oil on wood, 1940

Casa di campagna a Grezzago; olio su tavola, 1940

si può notare una sensibilità pittorica inusuale che è annunciata dalle pennellate decise ma lievi.

Negli anni Quaranta, l'artista scoprì il bisogno di riporrere tutte le sue emozioni nella composizione delle sue opere pittoriche. Lo possiamo notare in particolare nei suoi molti ritratti famigliari, ma anche nei suoi paesaggi, che hanno una concretezza e percettibilità cromatica aggiunta a pennellate sempre più risolute e plastiche. Dossena 'paesaggista' è nato, e negli anni che seguono fu questo il suo appellativo quando espose al pubblico proprio perché riuscì a riprodurre così intimamente i paesaggi che l'osservatore probabilmente riteneva che fosse la sua sola ed esclusiva specializzazione. L'artista non fece nulla per sfatare questo mito sulla sua scelta di soggetti anche perché egli stesso desiderava dipingere all'aperto, dove poteva accomunarsi con la natura che egli tanto amava, dato che le sue attività di restauratore e decoratore lo tenevano sempre al chiuso.

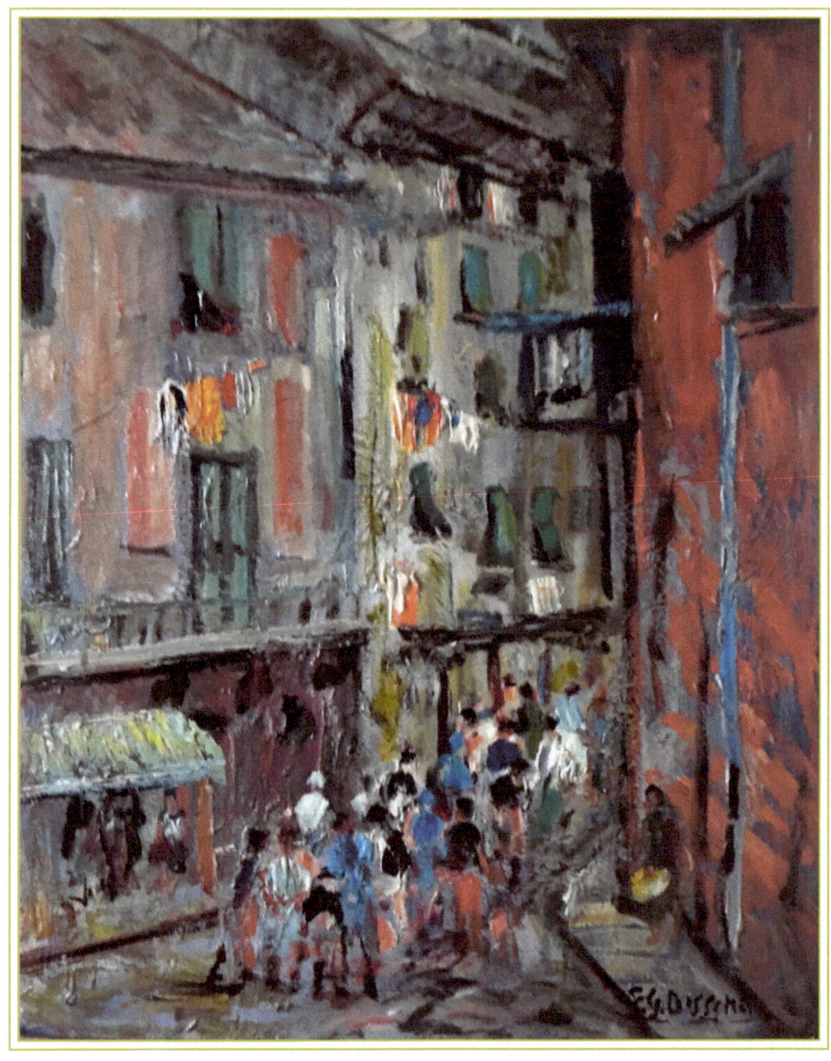

Celle Ligure alley; oil on cloth-lined cardboard, 1959

Strada di Celle Ligure; olio su cartoncino telato, 1959

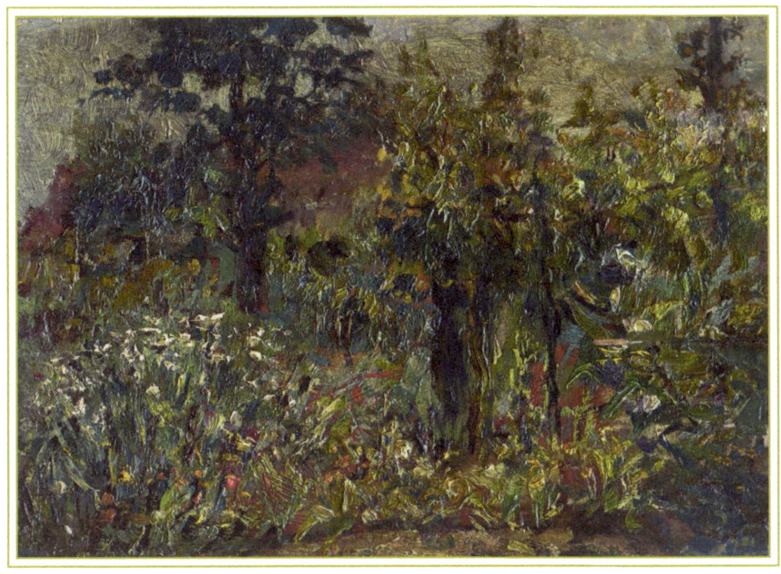

Aunt Veglia's garden; oil on wood, 1943

Giardino della zia Veglia a Rho; olio su tavola, 1943

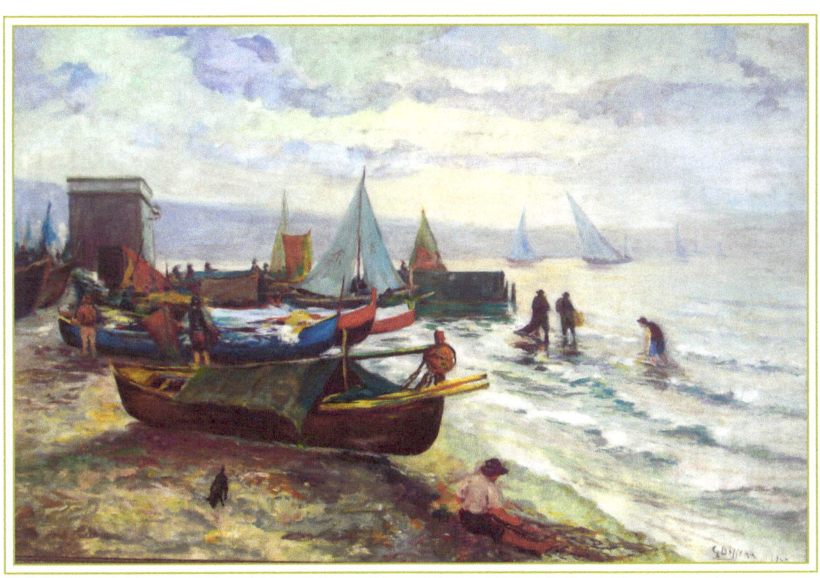

Small harbour; oil on canvas, 1943

Piccolo porto; olio su tela, 1943

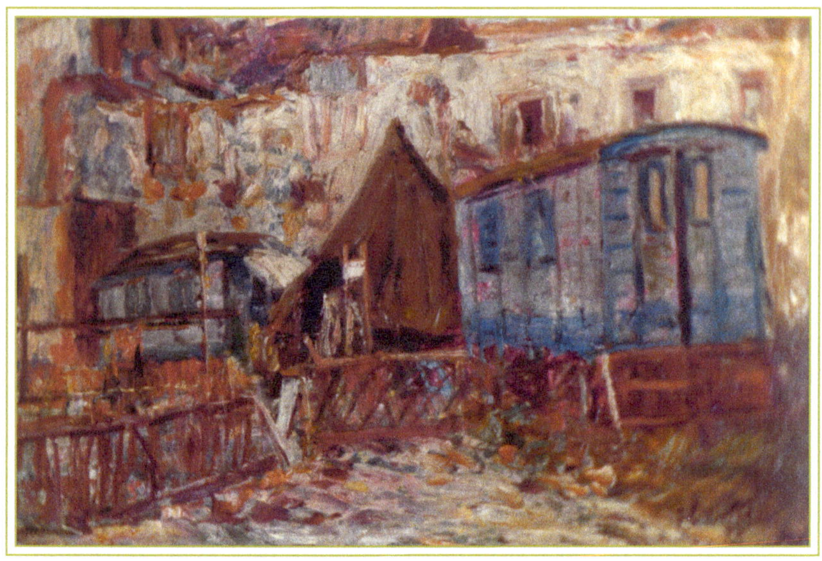

Gypsy Caravan; oil on canvas, 1949

Carovana di zingari; olio su tela, 1949

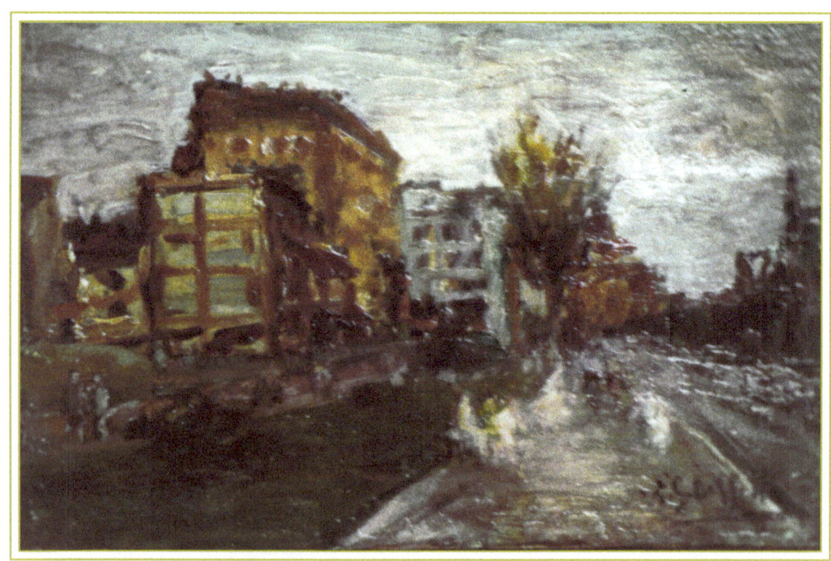

Milanese suburbs; oil on canvas, 1951

Periferia milanese; olio su tela, 1951

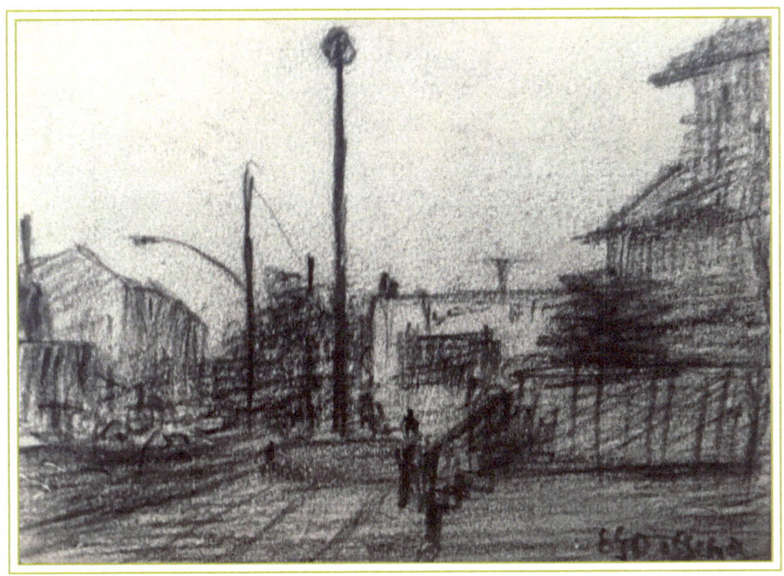

Sketch of Milan street drawn on the back of a business card; pencil, 1934

Schizzo di una via milanese fatto sul retro di un biglietto da visita; matita, 1934

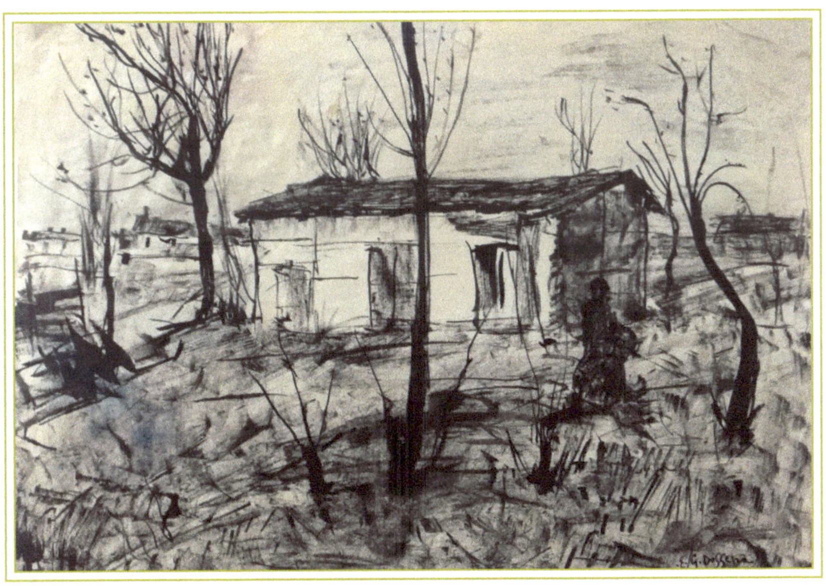

Country farmhouse; ink, 1935

Casolare di campagna; china, 1935

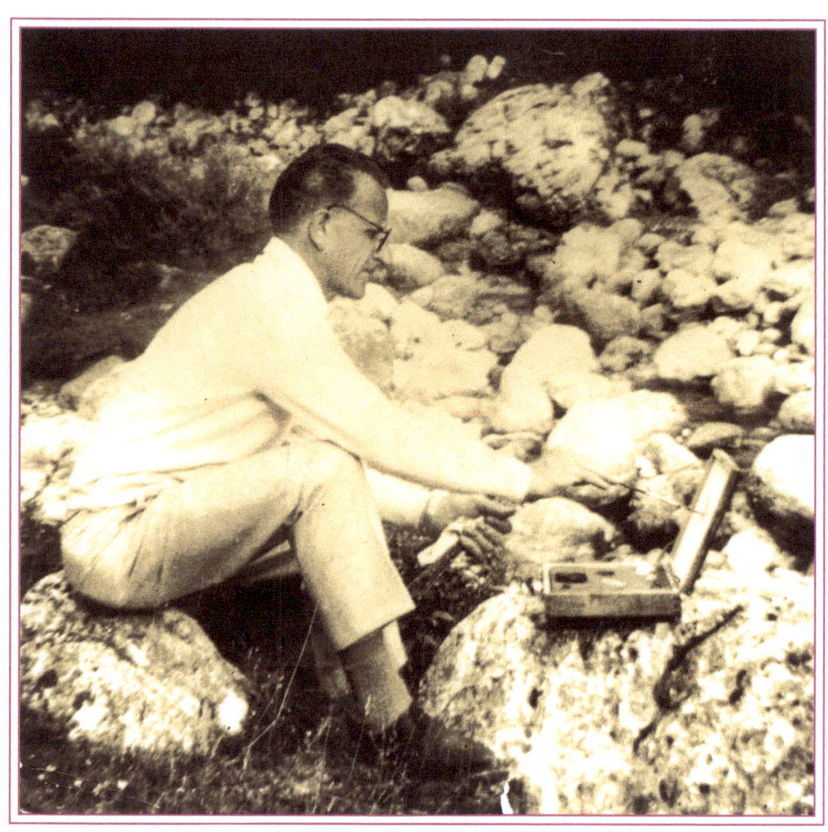

The artist painting a landsape in 1963

L'artista che dipinge un paesaggio nel 1963

3

His Landscapes in The Sixties

I Suoi Paesaggi Negli Anni Sessanta

In the 1950s, a period of Italian postwar economic reconstruction, Emilio Giuseppe Dossena almost exclusively created landscapes. Regrettably, there are no color photographs available from this time period, and there is no information regarding the collectors who bought these paintings. From his non-landscape works of the 1940s to 1960s time period, of which we have numerous images, we can deduce that the metamorphosis of his painting style occurred slowly and at a constant pace. The artist shows that he has found an individual and original form of expression, painting without the concern of belonging to a particular style.

The chromatic and impasto development is quite evident in the landscape works of the Sixties, during which the painter finds a certain creative clarity. What differentiates him as an artist is that he gives the viewer a strong perception that he has placed all his impressions and feelings in his works. The colors are enlivened and exuberant, although not exactly revolutionary, their arrangement is, and in his paintings we can therefore find the whole range of iris in a few brush strokes. The forms are clearly reproduced even when they are sketched and the study of light on the landscape is a distinctive element of his works of these years.

Emilio Giuseppe Dossena creò quasi esclusivamente paesaggi durante il periodo della ricostruzione economica italiana del dopoguerra, cioè negli anni Cinquanta. Purtroppo, poche fotografie sono disponibili, non conoscendo il nome dei collezionisti che comprarono i suoi quadri in quel periodo. Dalle sue opere non paesaggistiche, delle quali abbiamo numerose immagini, possiamo dedurre che la metamorfosi tra gli anni Quaranta e gli anni Sessanta è avvenuta lentamente ma a passo costante. L'artista dimostra di aver trovato una forma espressiva

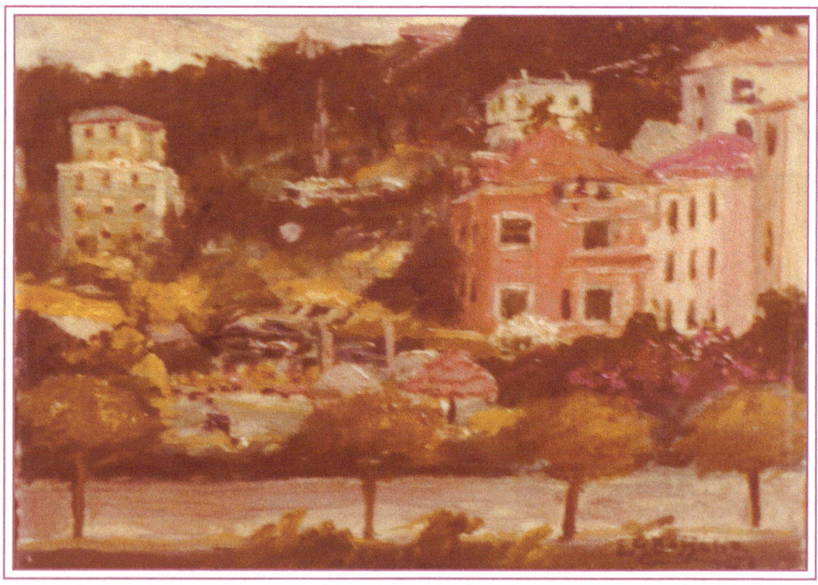

Ligurian landscape; oil on canvas, 1961

Paesaggio Ligure; olio su tela, 1961

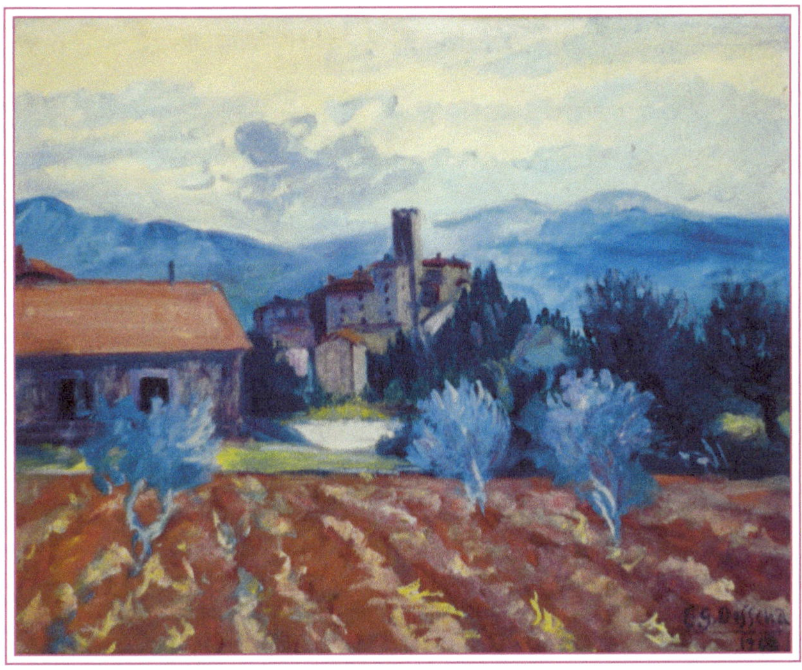

Parrano castle; oil on cloth-lined cardboard, 1963

Castello di Parrano; olio su cartone telato, 1963

individuale ed originale e dipinge senza preoccupazioni di appartenere a scuole o stili particolari.

Lo sviluppo cromatico e d'impasto sono abbastanza palesi nelle opere paesaggistiche degli anni Sessanta, durante i quali trova una certa limpidezza creativa. Inoltre, ciò che lo distingue come artista è la chiara percezione che nelle sue opere ha posto tutte le sue impressioni e sensazioni. I colori sono ravvivati ed esuberanti, anche se non proprio rivoluzionari, ma il loro accostamento lo è, e nei suoi quadri possiamo quindi trovare tutta la gamma dell'iride in poche pennellate. Le forme sono chiaramente riprodotte anche quando sono abbozzate e lo studio della luce sul panorama è un elemento distintivo delle sue opere di questi anni.

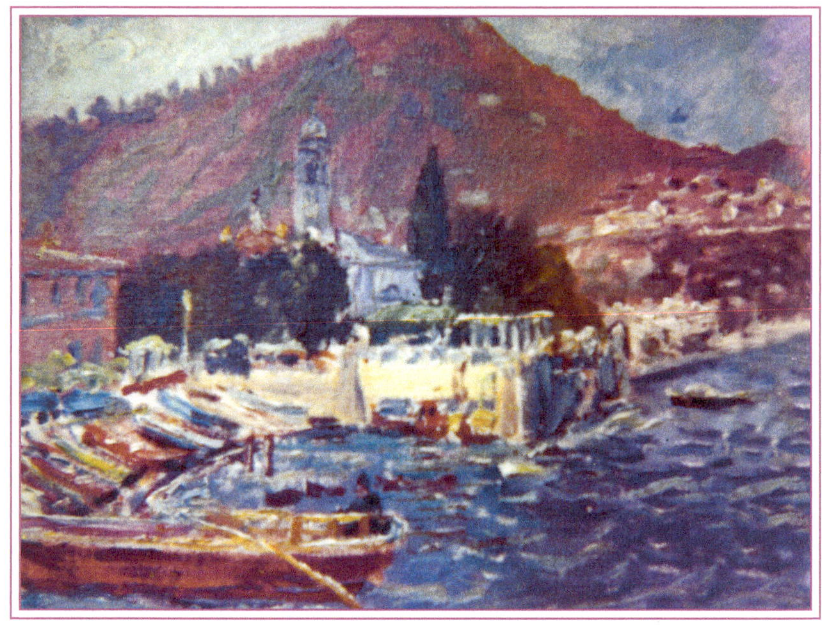

Camogli #1; oil on canvas, 1962

Camogli #1; olio su tela, 1962

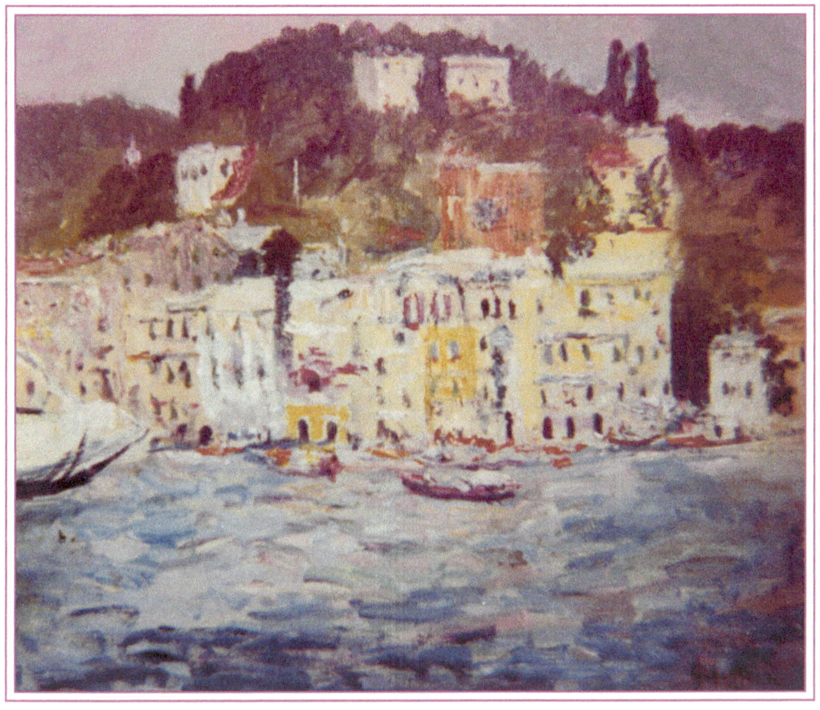

Camogli #2; oil on canvas, 1962

Camogli #2; olio su tela, 1962

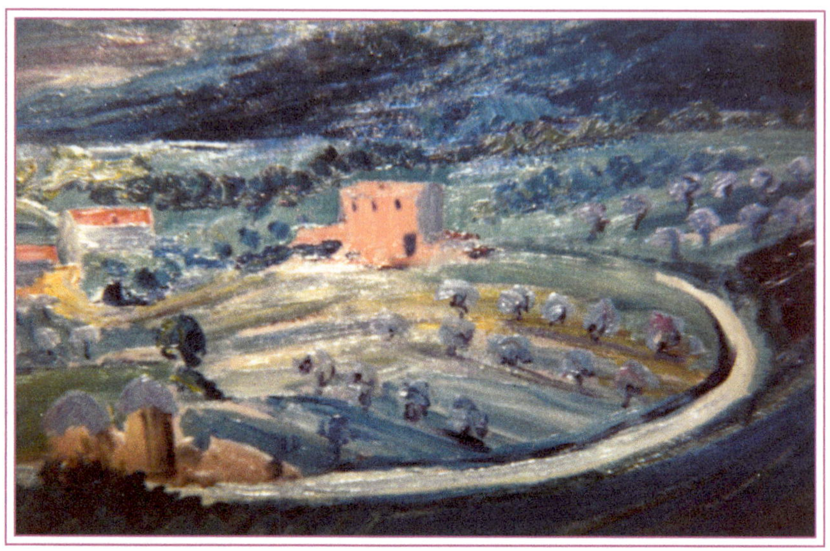

Umbrian landscape #1; oil on cloth-lined cardboard, 1963

Paesaggio Umbro #1; olio su cartone telato, 1963

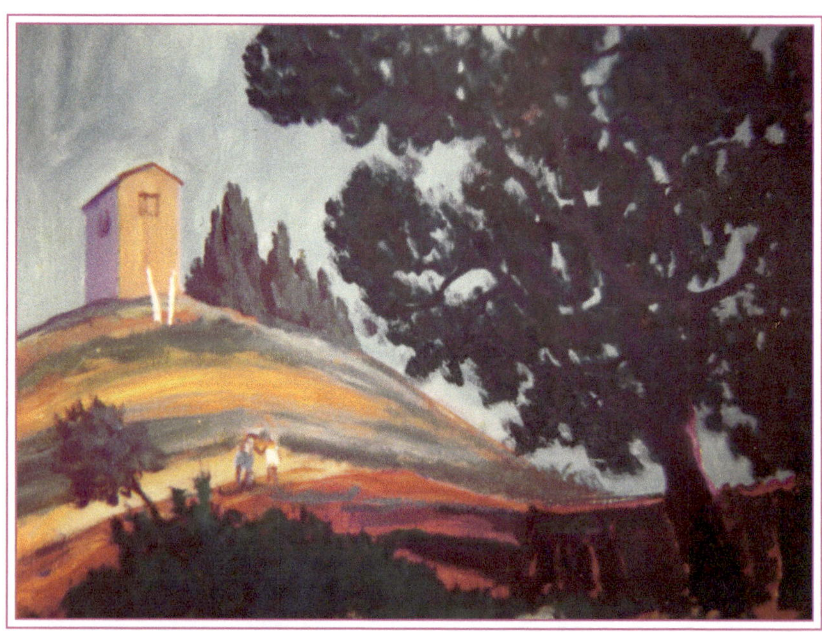

Umbrian landscape #2; oil on cloth-lined cardboard, 1963

Paesaggio Umbro #2; olio su cartone telato, 1963

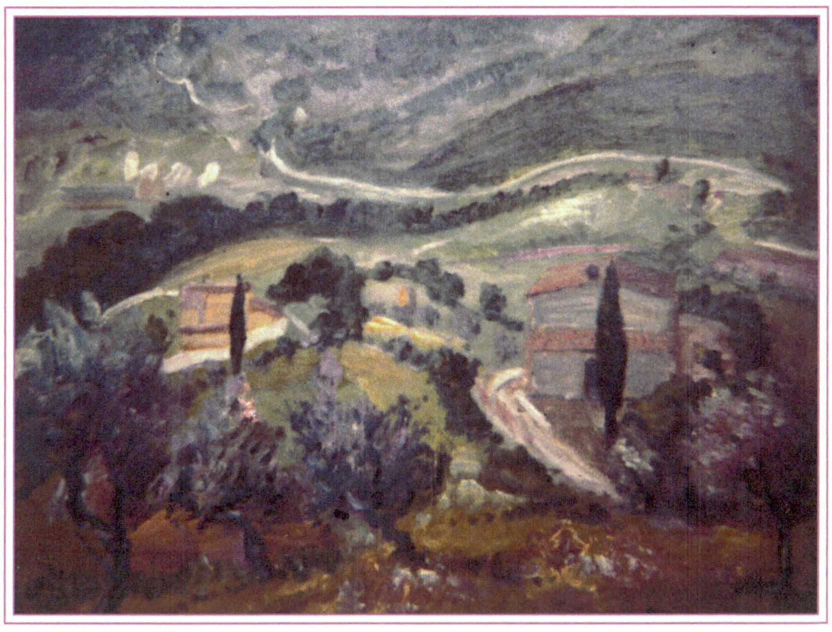

Umbrian landscape #3; oil on cloth-lined cardboard, 1963

Paesaggio Umbro #3; olio su cartone telato,1963

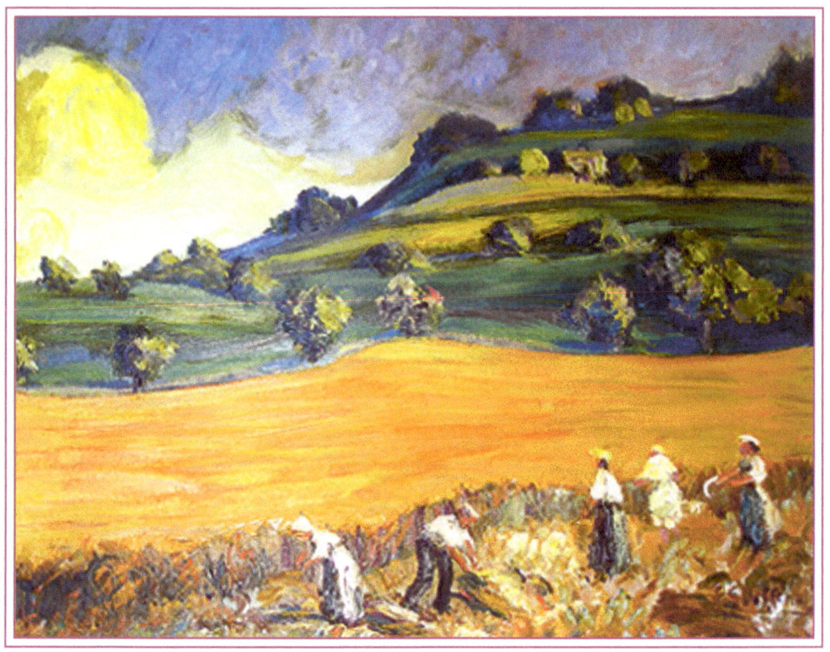

Harvest; oil on cloth-lined cardboard, 1962

Mietitura; olio su cartone telato, 1962

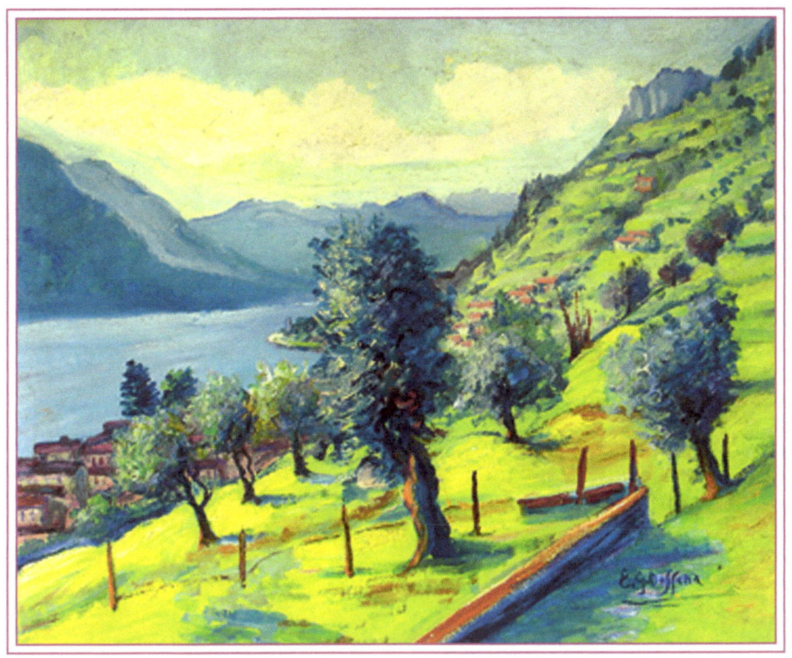

Iseo Lake landscape; oil on cloth-lined cardboard, 1963

Paesaggio del Lago d'Iseo; olio su cartone telato, 1963

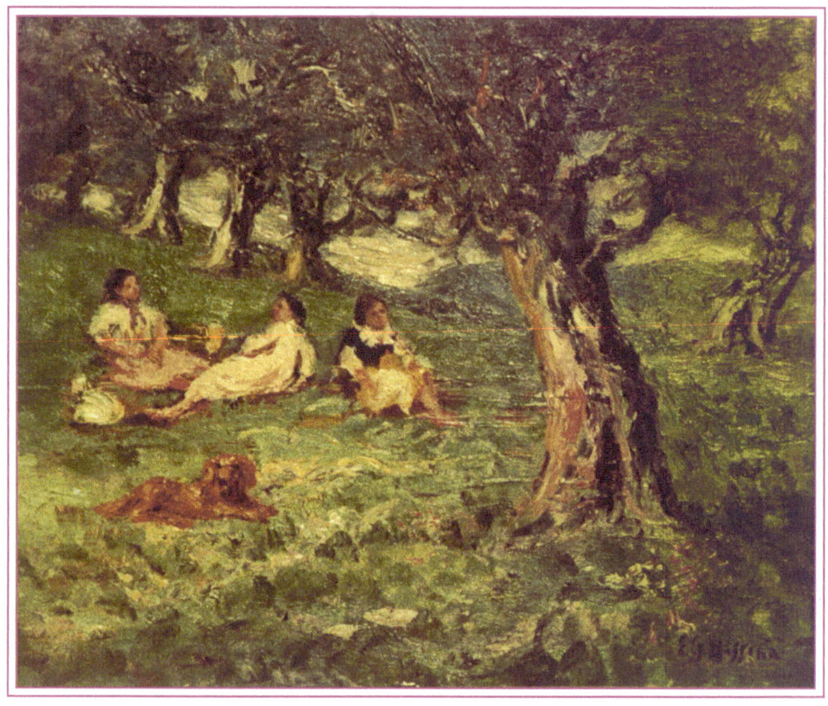

Picnic in the park; oil on cloth-lined cardboard, 1965

Colazione nel parco; olio su cartone telato, 1965

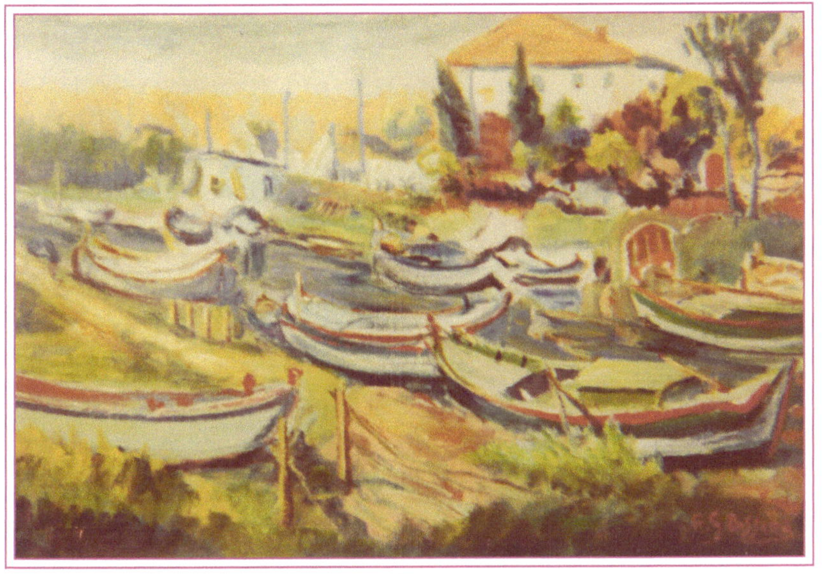

Long boats; oil on canvas, 1967

Barconi; olio su tela, 1967

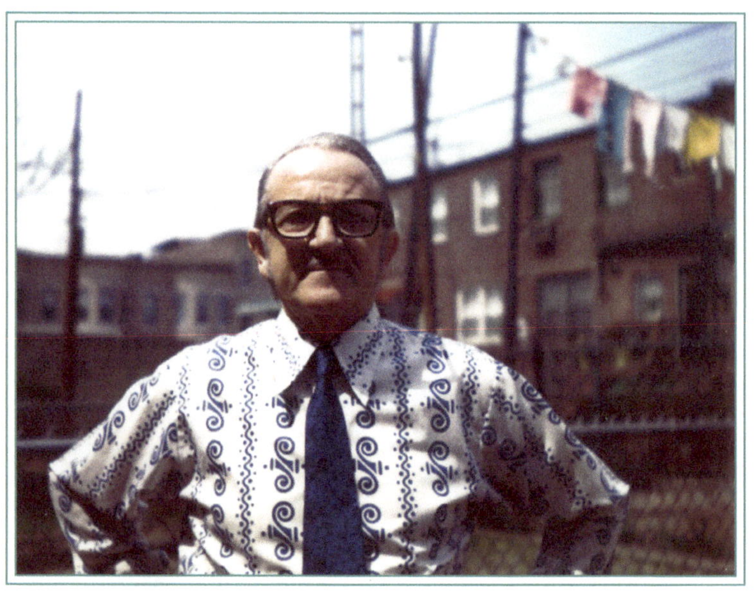

The artist in the backyard of his house on Cheever Place, circa 1970

L'artista nel cortile di casa sua a Cheever Place, circa 1970

4

The American Adventure

L'Avventura Americana

In 1968, the artist moved to New York, in the Carroll Gardens neighborhood of Brooklyn. It is here that he produced paintings with a chromatic liveliness and a refined setting that led him to significant success. The first paintings created in his home are remarkable; the magnificent courtyards and brownstones give the feeling of a picturesque America that Europeans watched at the movies.

Dossena underwent an evolution during his time in New York. During the last years he spent in the metropolis, Dossena discovered a method of pictorial expression with a new approach in which the coloring, rather than the form, became the essence of the content (see illustrations: *New York street #2* on pg. 32, *New York street #7* on pg. 33 and *The brook* on pg. 34). The paintings of that period can be cataloged as neo-expressionist and invoke Fauvism, but with a unique and particular delicacy that distances them from any real grouping of schools or contemporary styles.

Nel 1968, l'artista andò a vivere a New York, nel quartiere di Carroll Gardens, in Brooklyn. Lì produsse opere di una vivacità cromatica e di una raffinatezza d'impostazione che lo portarono ad avere un ragguardevole successo. Notevoli sono le prime opere relative alla sua abitazione: i magnifici cortili e le case a schiera danno completamente la sensazione dell'America che vediamo nei film.

A New York Dossena subì una evoluzione, e negli ultimi anni trascorsi nella metropoli, Dossena scoprì una nuova metodologia di espressione pittorica con un nuovo approccio nel quale la colorazione e non il disegno fu l'essenza del contenuto (vedi illustrazioni: *New York street #2* a pg. 32, *New York street #7* a pg. 33 e *The brook* a pg. 34). Le opere di quel periodo possono essere catalogate come neo-espressioniste e richiamano i Fauve, ma con una delicatezza unica e particolare che lo distaccano da qualsiasi reale abbinamento a scuole o stili contemporanei.

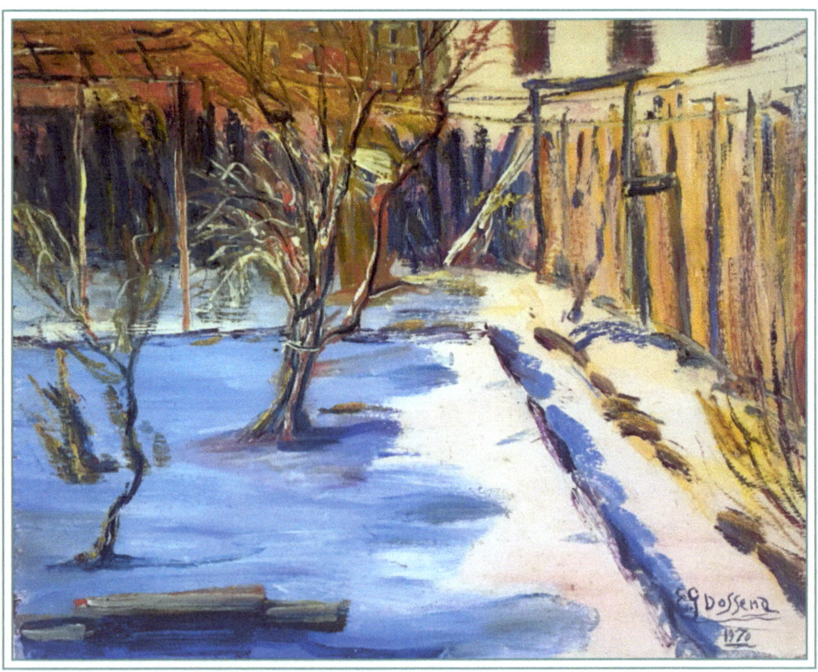

Cheever Place backyard; oil on canvas, 1970

Il cortile di Cheever Place; olio su tela, 1970

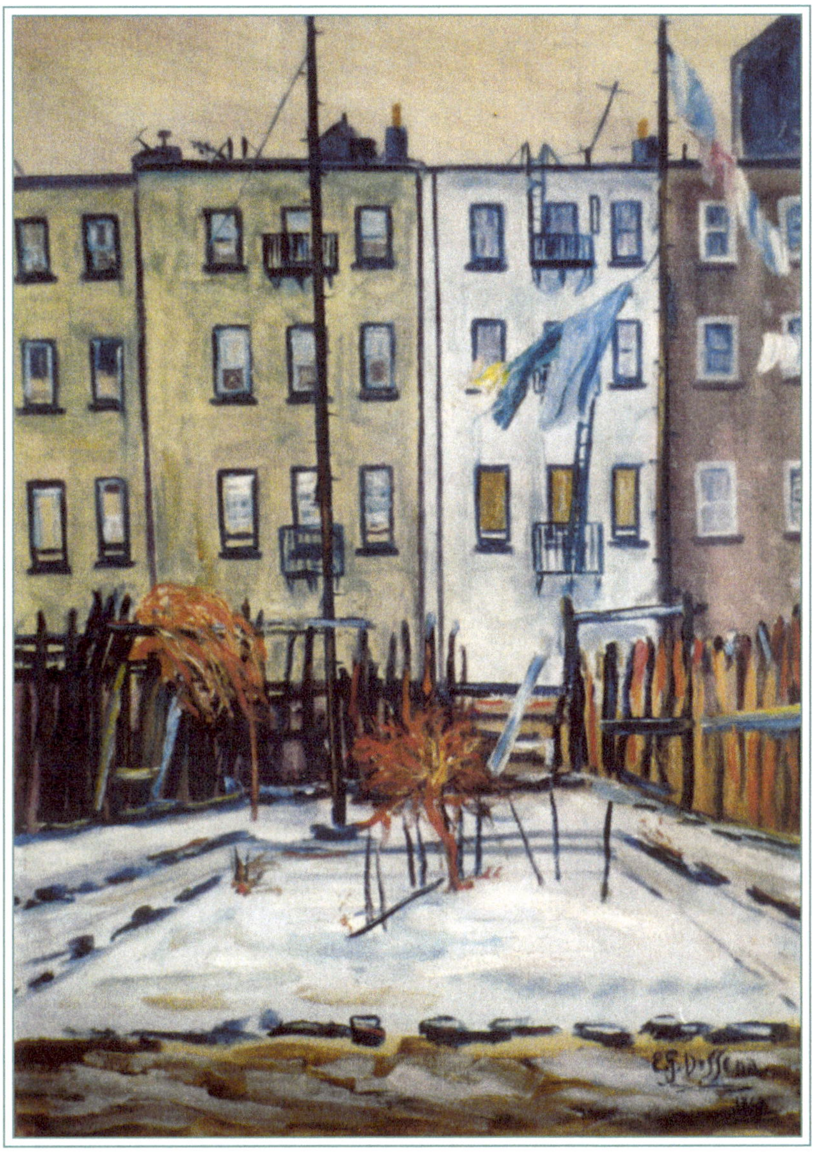

Cheever Place; oil on canvas, 1970

Cheever Place; oilo su tela, 1970

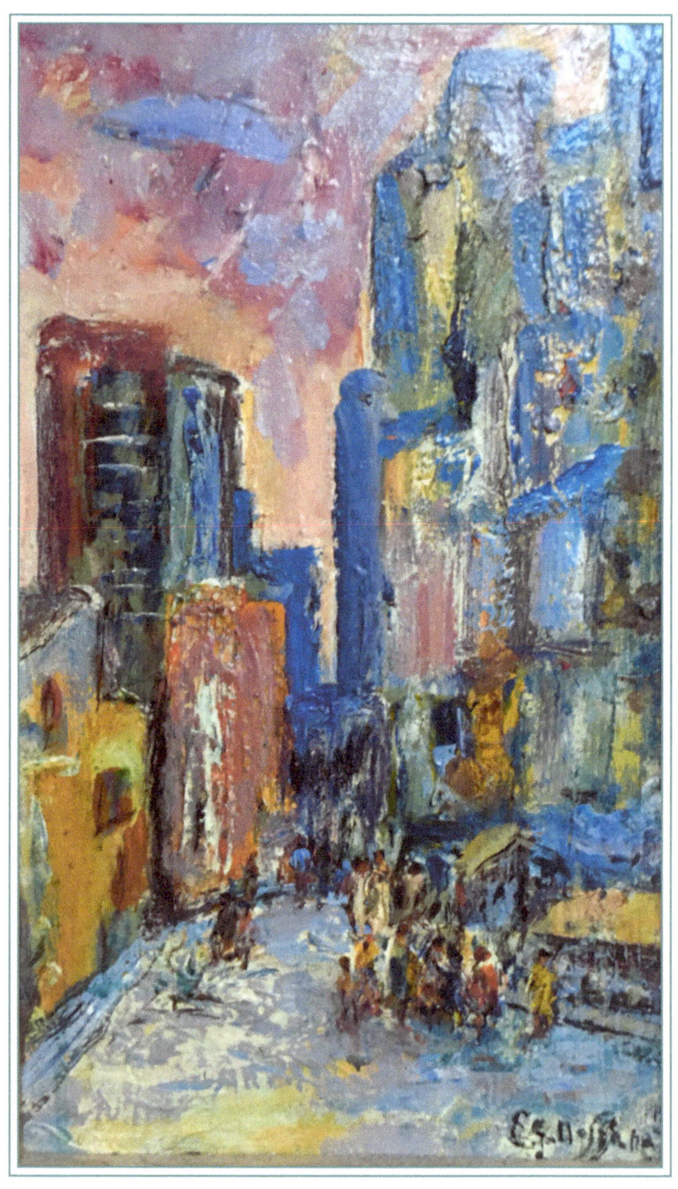

New York street #2; acrylic on wood, 1975

Strada di New York City #2; acrilico su tavola, 1975

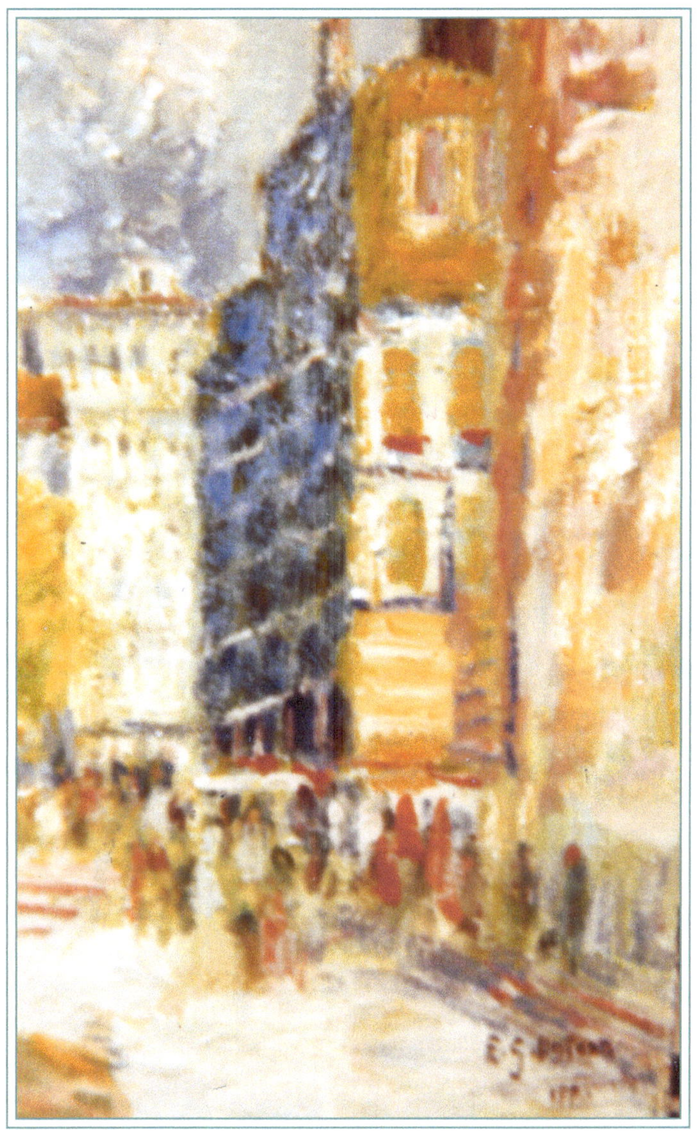

New York street #7; oil on wood, 1976

Strada di New York City #7; olio su tavola, 1976

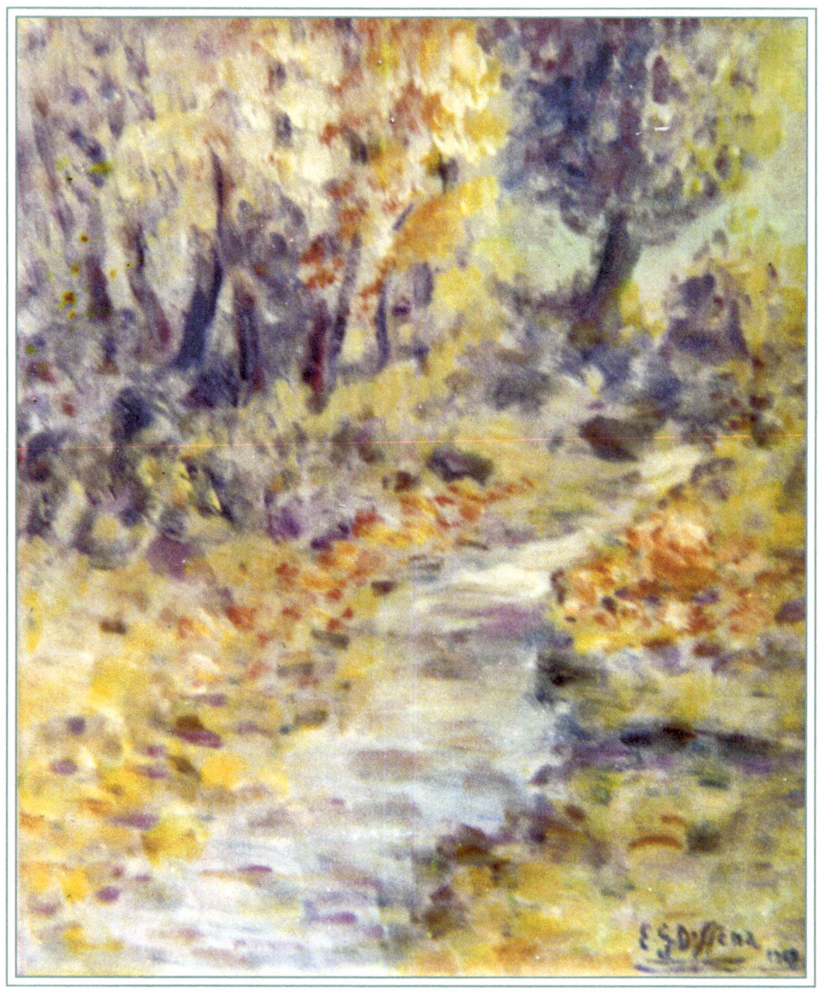

Brook; oil on wood, 1976

Ruscello; olio su tavola, 1976

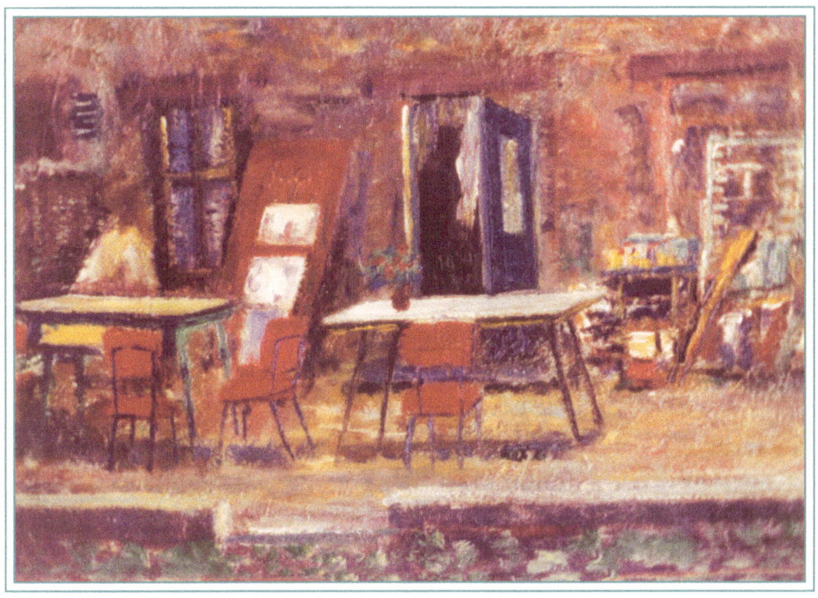

Brooklyn yard #2; oil on wood, 1969

Brooklyn yard #2; olio su tavola, 1969

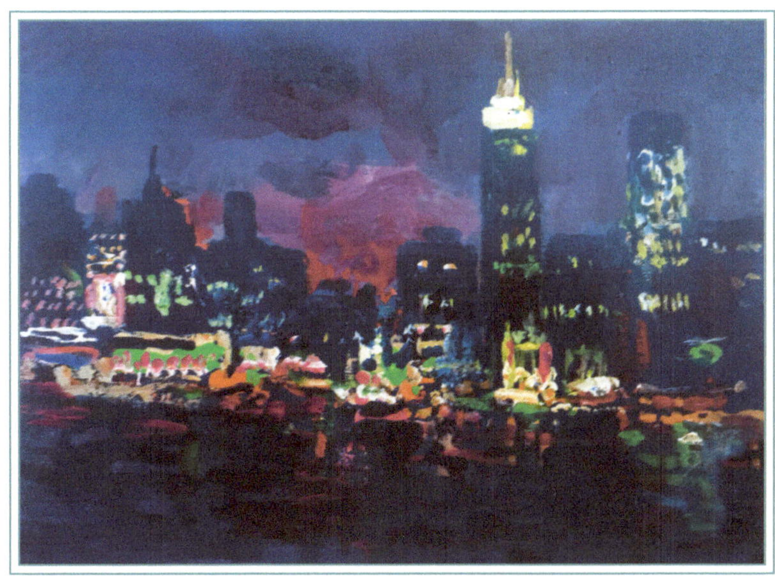

NYC Skyline; acrylic on wood, 1975

NYC Skyline; acrilico su tavola, 1975

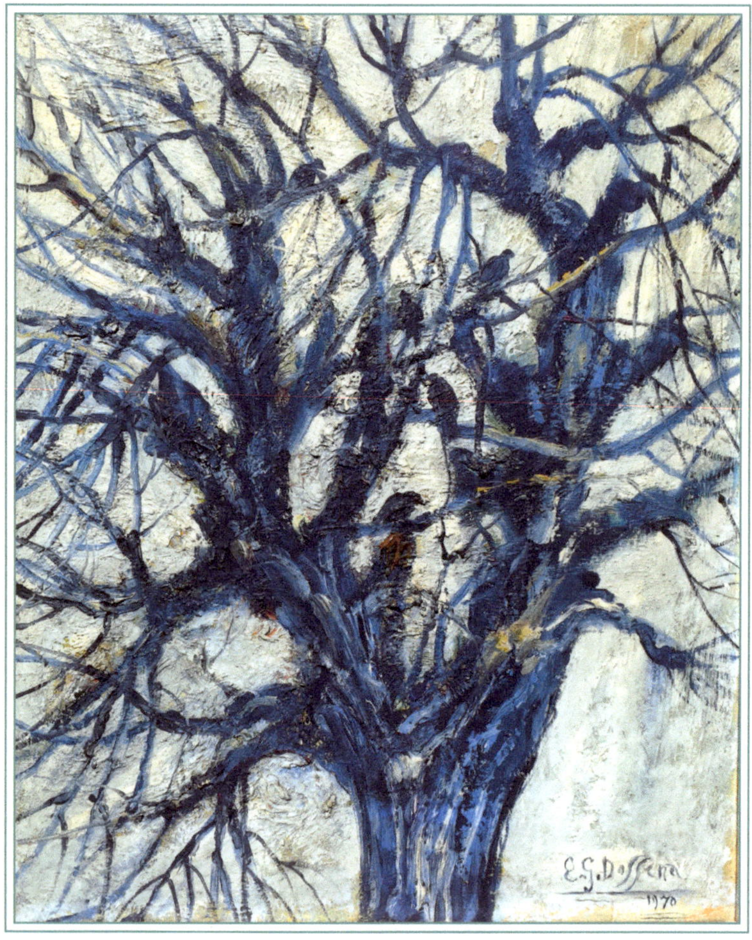

The crows; oil on cloth-lined cardboard, 1970

I corvi, olio su cartoncino telato, 1970

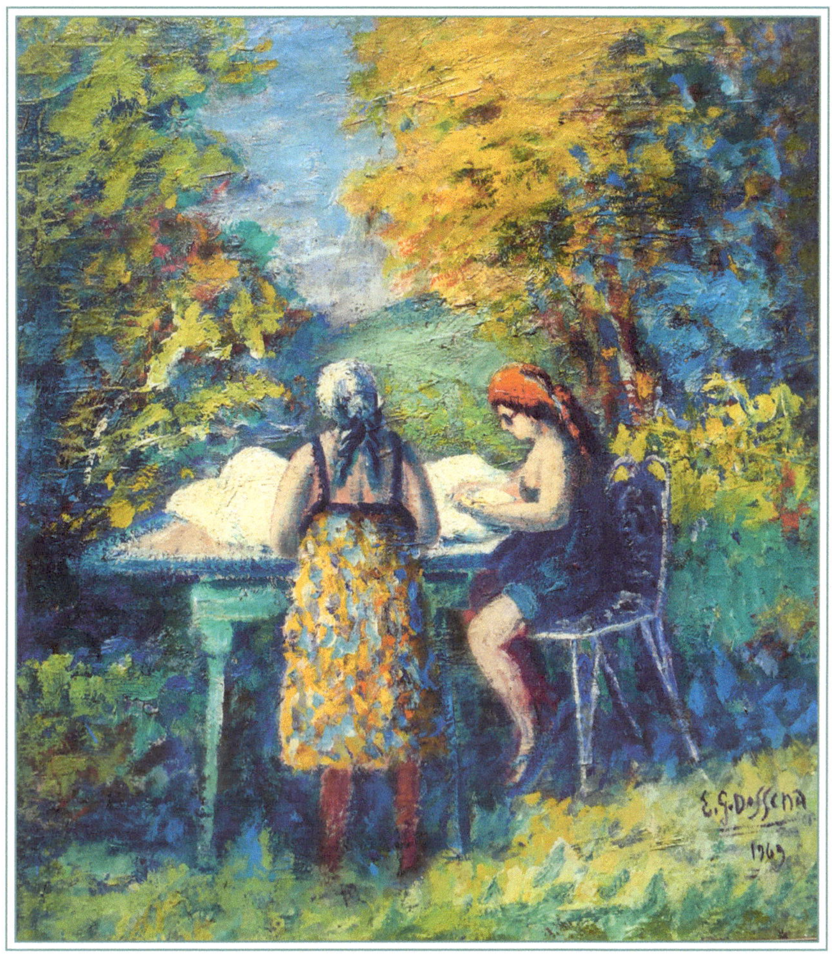

Women at work in the backyard; oil on canvas, 1969

Donne al lavoro nel cortile di casa; olio su tela, 1969

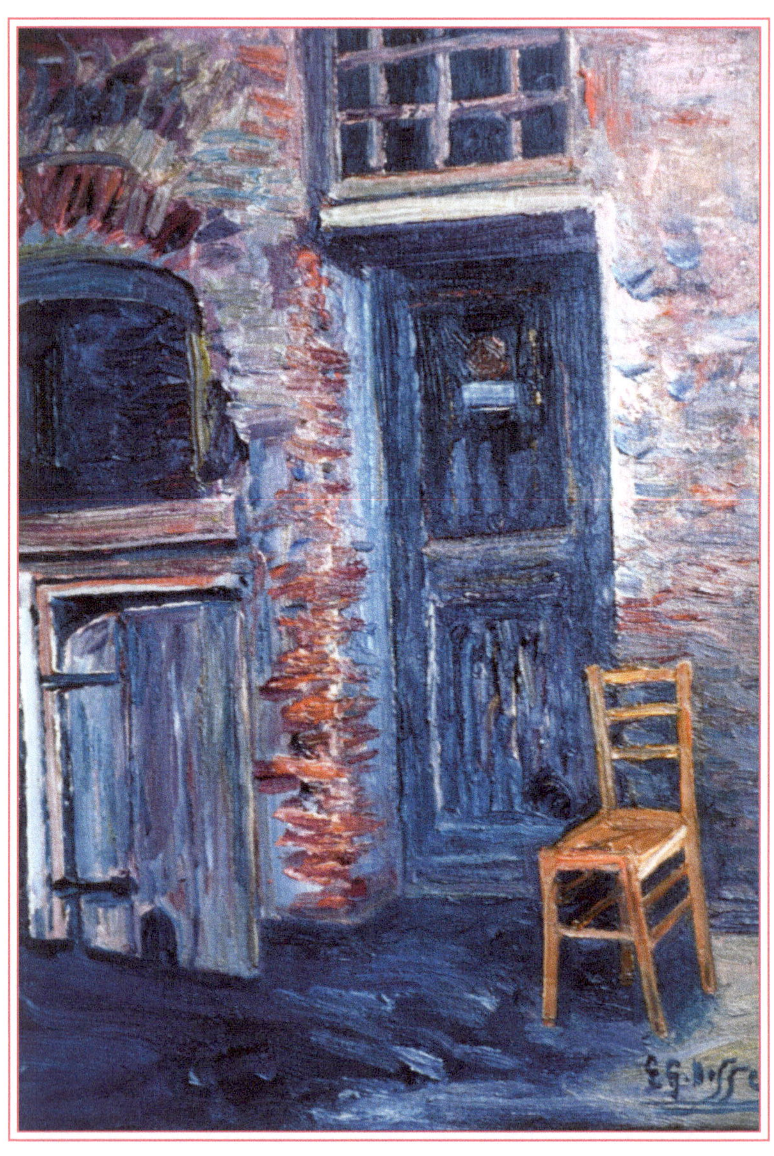

The chair; oil on canvas, 1980

La sedia; olio su tela, 1980

5

Italy Calls Him Back with its Beauty

Il Fascino dell'Italia Lo Richiama

Returning to Italy at the end of 1976, Dossena regenerated its neo-impressionistic origins, but with a unique and remarkable use of color. The paintings speak for themselves and not only convey the artist's impressions, but also the expression of his moods and his frame of mind.

The paintings are extraordinary and exciting, making the by-standers sigh as they are transported to the Lombard countryside for a while to admire his courtyards, the hundred-year-old trees that he called "wise ones," the farms' gardens and orchards, and the peaceful valleys.

The sobriquet "Dossena the landscape painter" is finally fulfilled. The paintings of these last few years, in fact, are always easily recognizable and reflect both the serenity of old age and also the rich experience and technical perfection achieved.

We can objectively assert that the artist Emilio Giuseppe Dossena has left an admirable mark in twentieth-century Italian landscape art and deserves to be studied and suggested to the new generation of scholars as a key reference in the study of modern art.

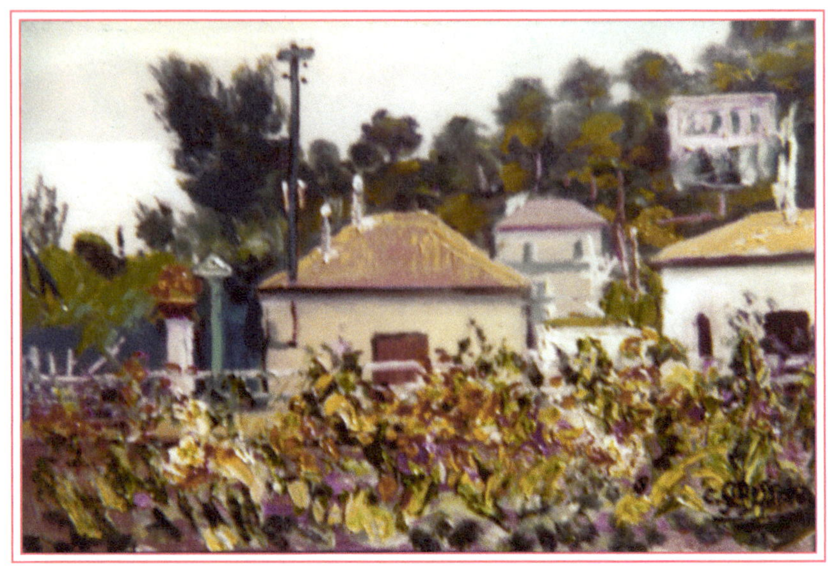

Lombard landscape #2; oil on cloth-lined cardboard, 1978

Paesaggio lombardo #2; olio su cartone telato, 1978

Ritornato in Italia alla fine del 1976, Dossena ritrovò le sue origini neoimpressionistiche, con una nuova colorazione personale e chiaramente smagliante. I quadri 'parlano' da sé e riescono a trasmettere non sono le impressioni dell'artista, ma anche l'espressione dei suoi umori, del suo stato d'animo.

Sono opere straordinarie ed emozionanti che fanno sospirare gli astanti e li riportano per un po' nella campagna lombarda ad ammirare i suoi cortili, i centenari alberi che lui chiama 'saggi', e persino i giardini ed orti delle fattorie.

'Dossena paesaggista' è alfine completo e soddisfatto. La produzione di questi ultimi anni, difatti, è sempre facilmente identificabile e rispecchia la serenità dell'età avanzata, la ricca esperienza acquisita e la perfezione tecnica raggiunta.

Possiamo obiettivamente asserire che l'artista Emilio Giuseppe Dossena ha lasciato un'impronta ammirevole nell'ambito della paesaggistica italiana del ventesimo secolo e merita di essere studiato e di essere proposto alle nuove leve come riferimento chiave nello studio dell'arte moderna.

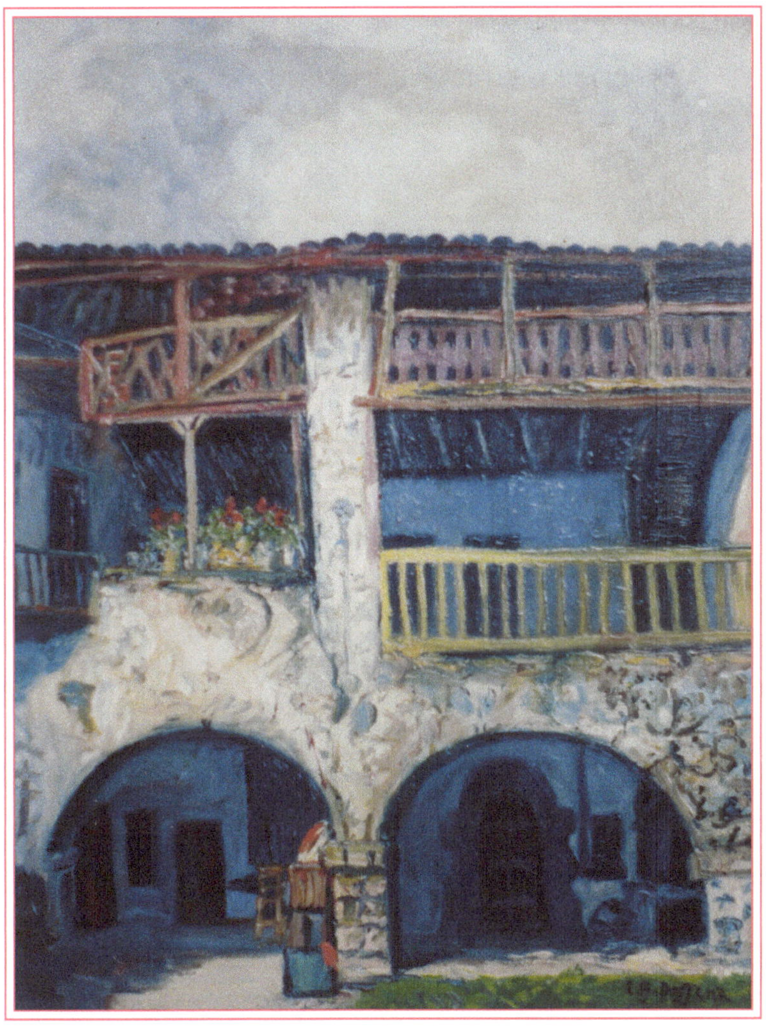

Lombard courtyard #6; oil on canvas, 1983

Cortile lombardo #6; olio su tela, 1983

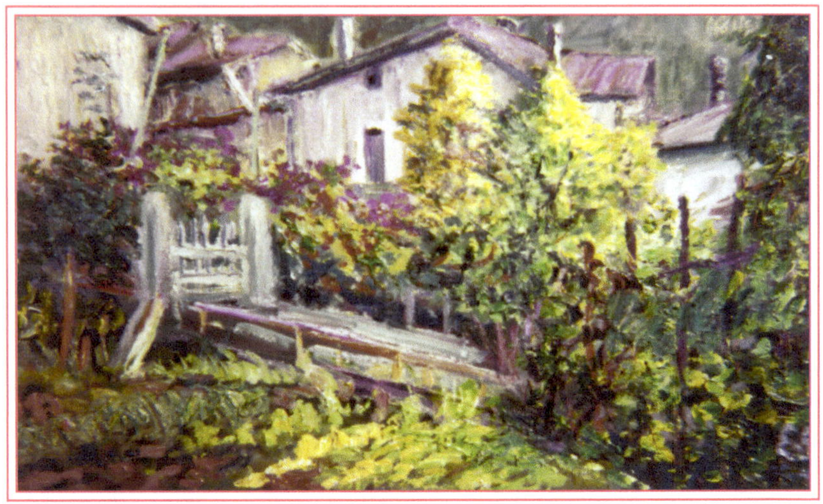

Garden #6; oil on canvas, 1982

Giardino #6; olio su tela, 1982

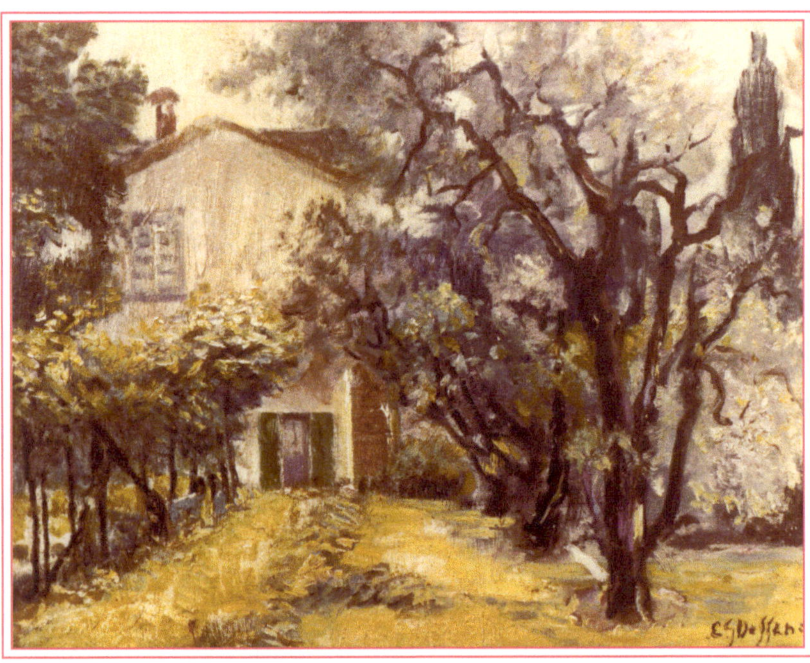

Garden #3; oil on canvas, 1978

Giardino #3; olio su tela, 1978

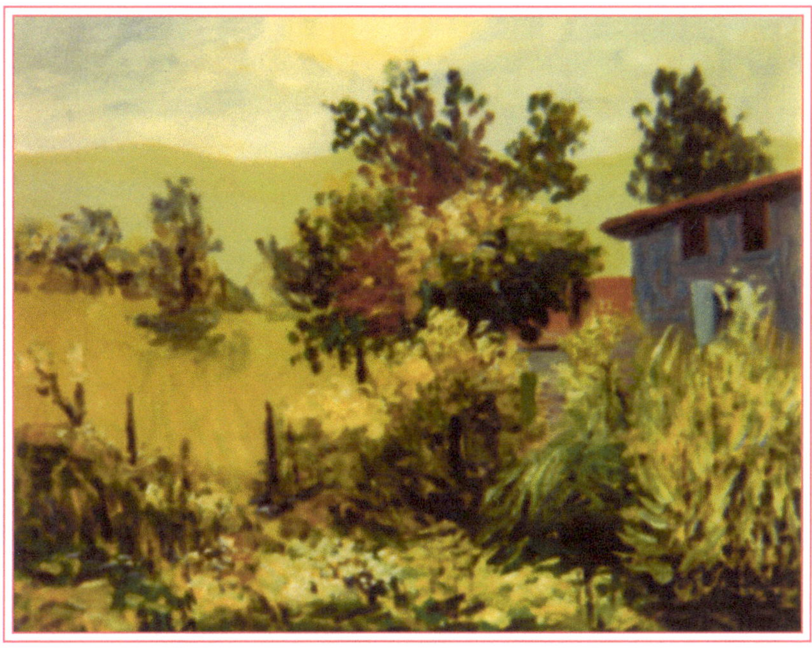

Garden #4, oil on canvas, 1981

Giardino #4; olio su tela, 1981

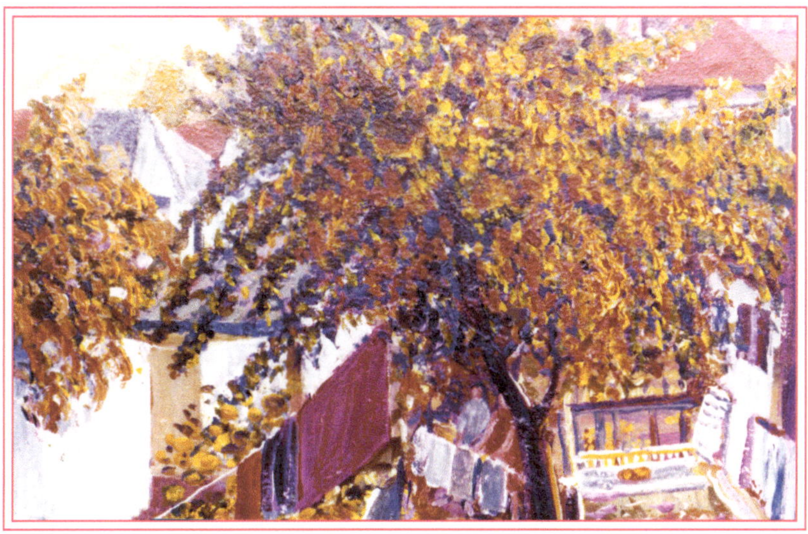

Garden #5; oil on canvas, 1980

Giardino #5; olio su tela, 1980

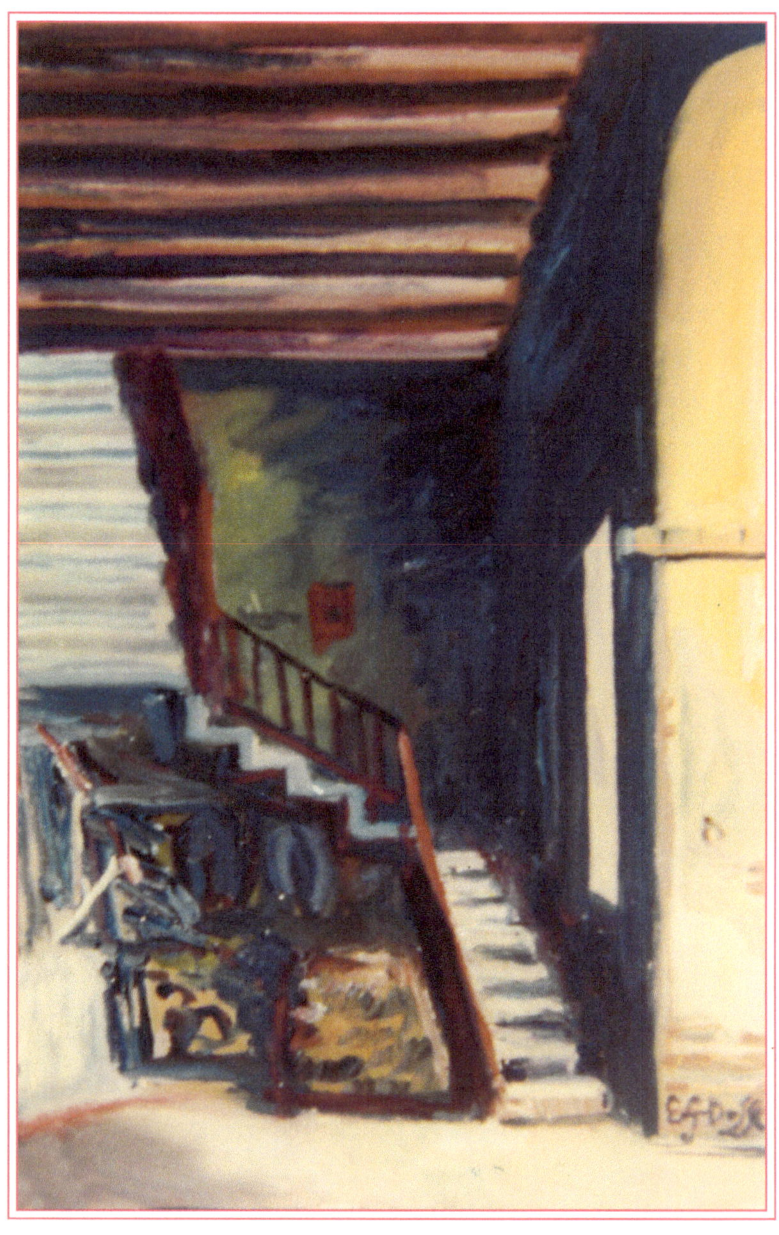

Bianzano #3; oil on canvas, 1982

Bianzano #3; olio su tela, 1982

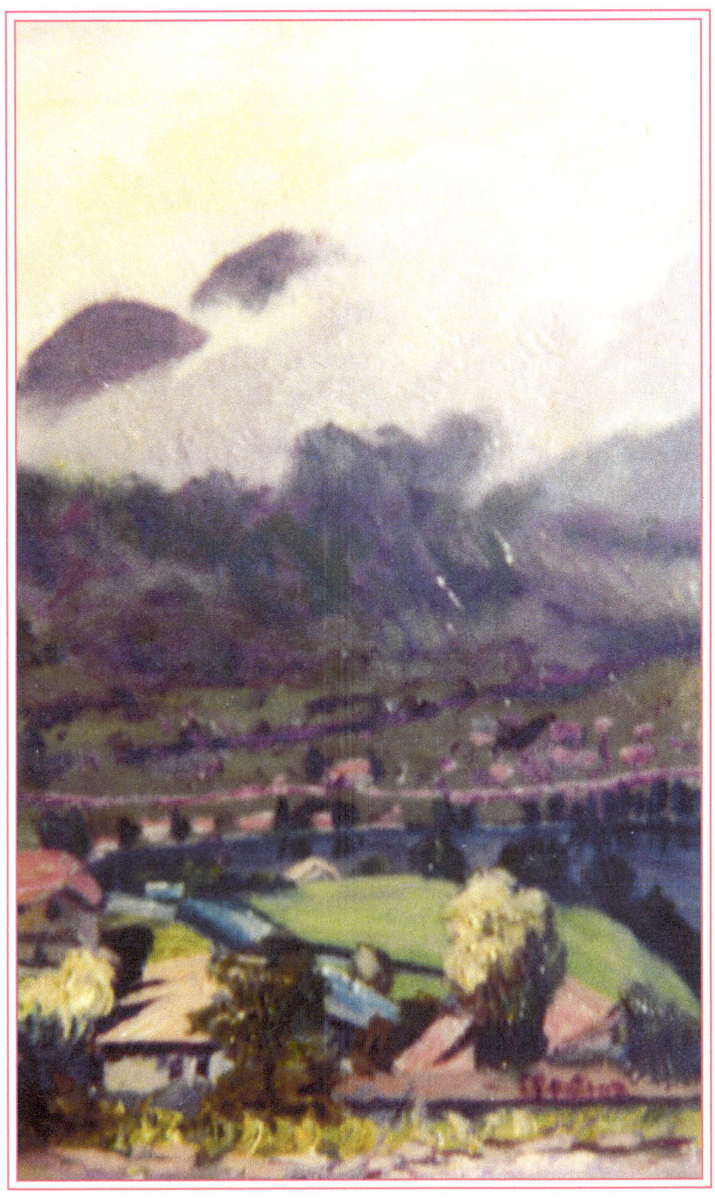

Bianzano #4; oil on cloth-lined cardboard, 1982

Bianzano #4; olio su cartone telato, 1982

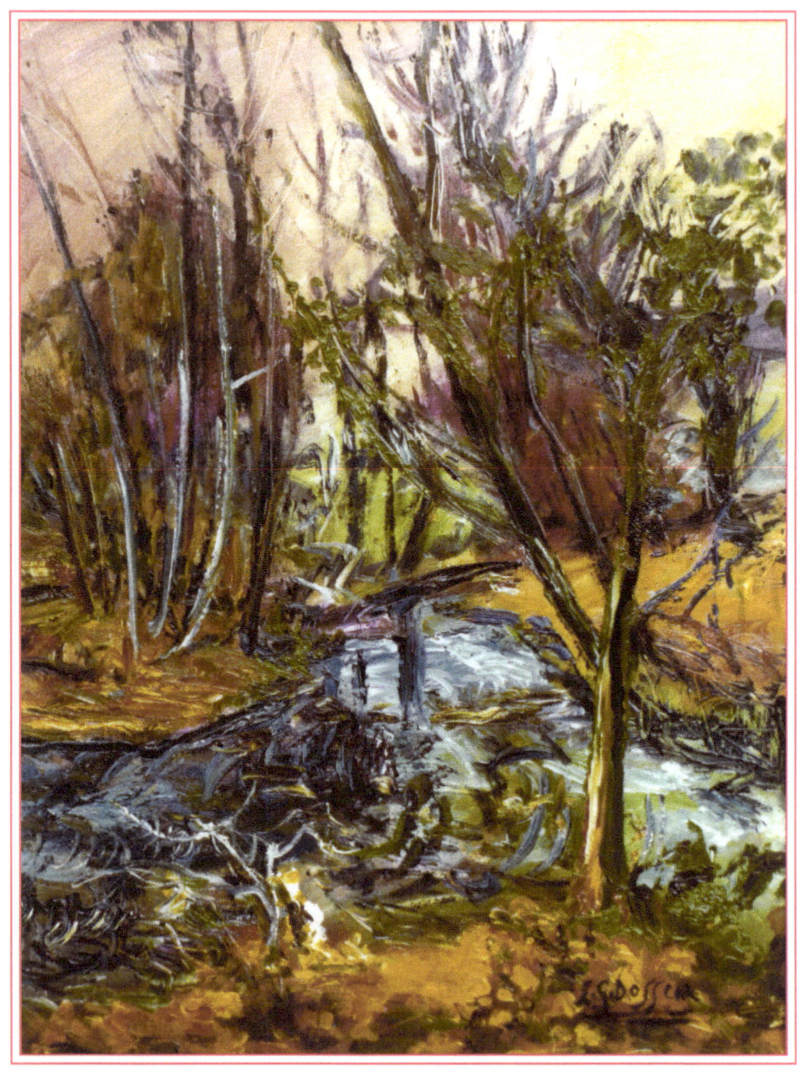

The grove #1; oil on cloth-lined cardboard, 1979

Boschetto #1; olio su cartone telato, 1979

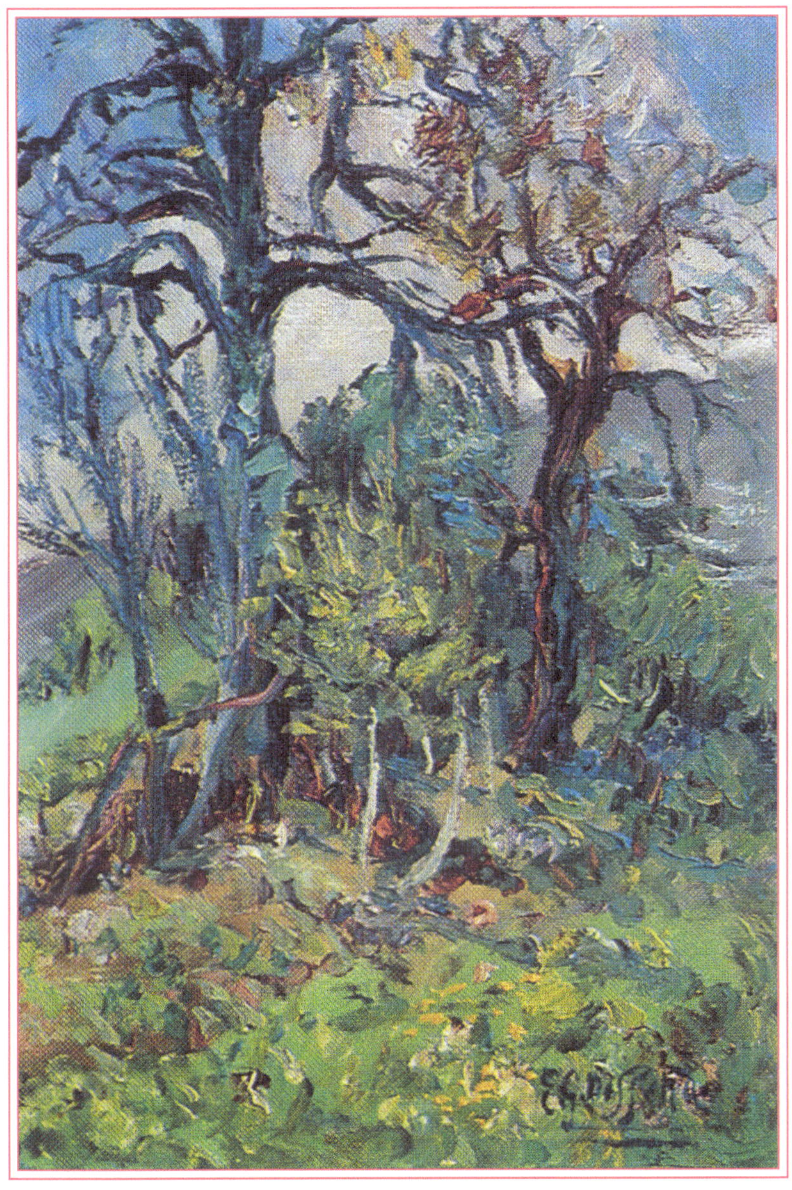

The grove #2; oil on cloth-lined cardboard, 1979

Boschetto #2; olio su cartone telato, 1979

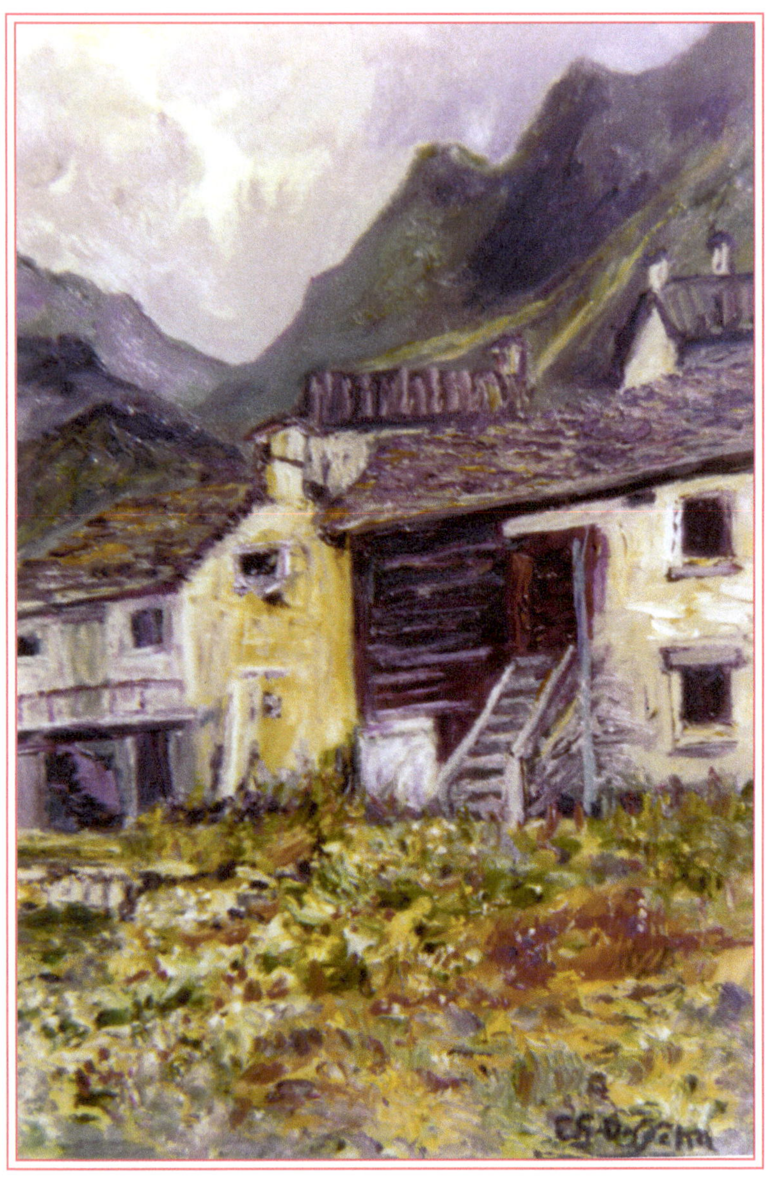

Alpine chalet in Val Formazza; oil on canvas, 1979

Baita alpina in Val Formazza; olio su tela, 1979

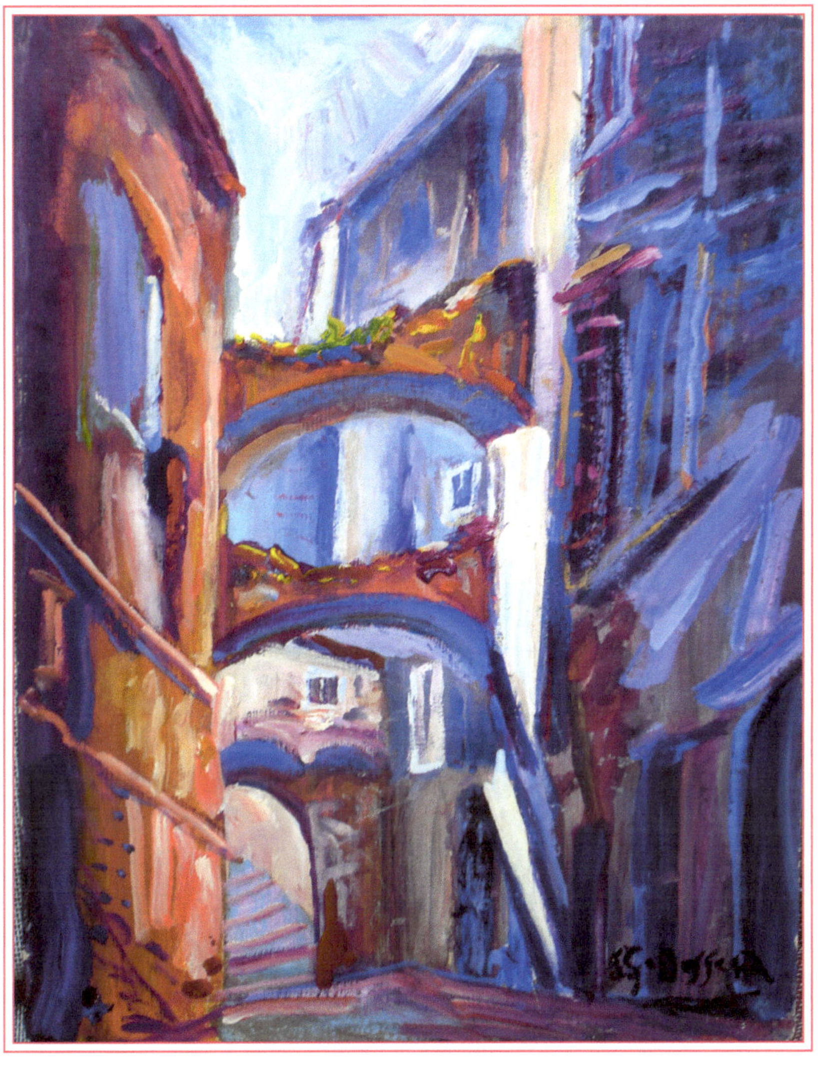

Celle Ligure; oil on cloth-lined cardboard, 1980

Celle Ligure; olio su cartone telato, 1980

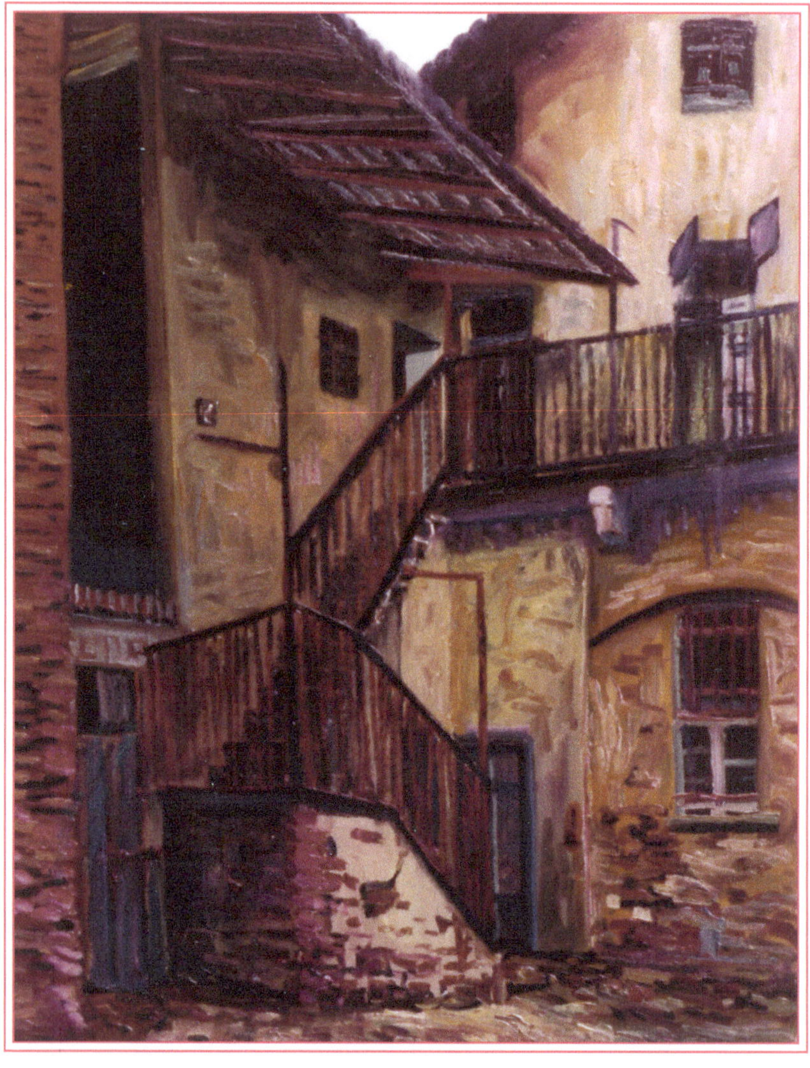

Carugate courtyard; oil on cloth-lined cardboard, 1978

Cortile di Carugate; olio su cartone telato, 1978

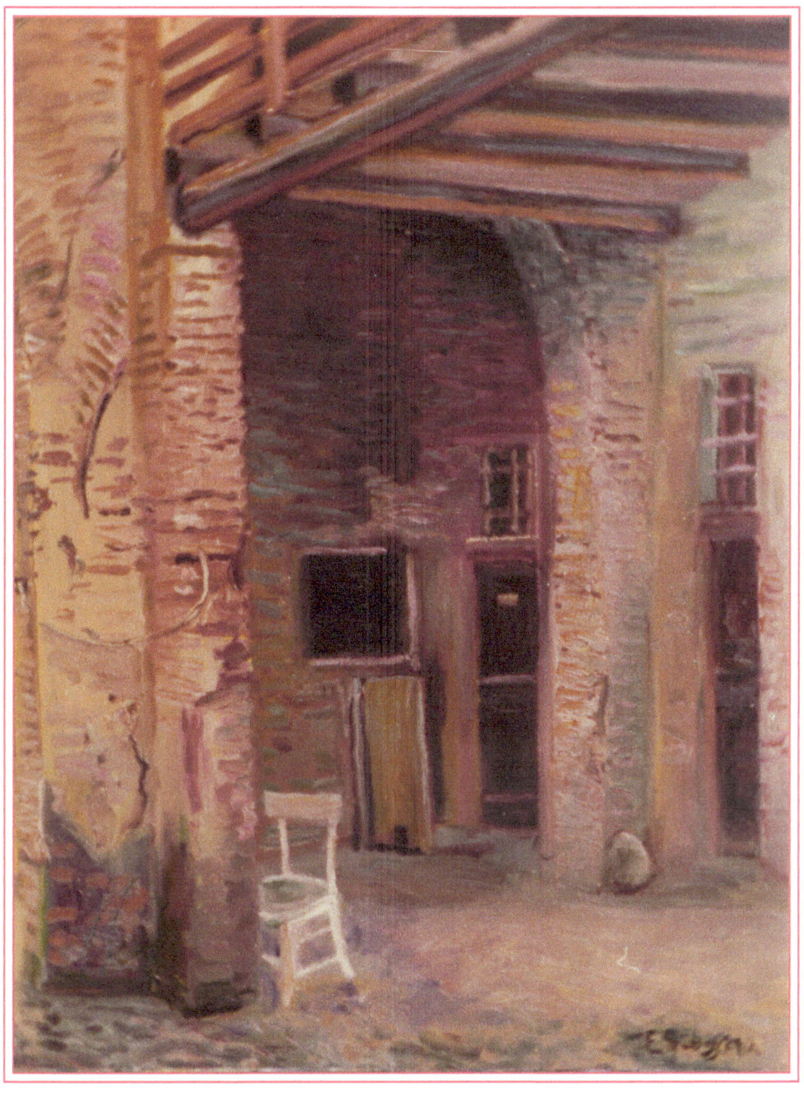

Carugate courtyard #2; oil on canvas, 1978

Cortile di Carugate #2; olio su tela, 1978

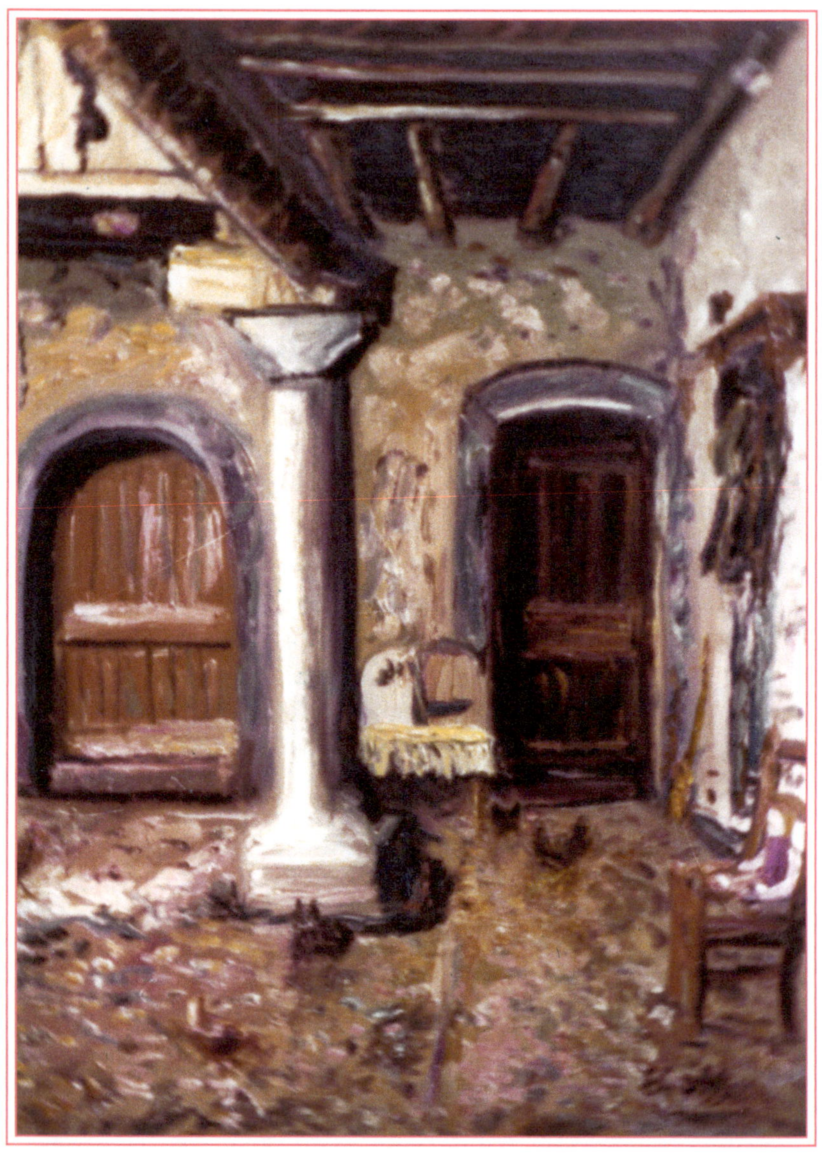

Lombard courtyard #2; oil on canvas, 1978

Cortile lombardo #2; olio su tela, 1978

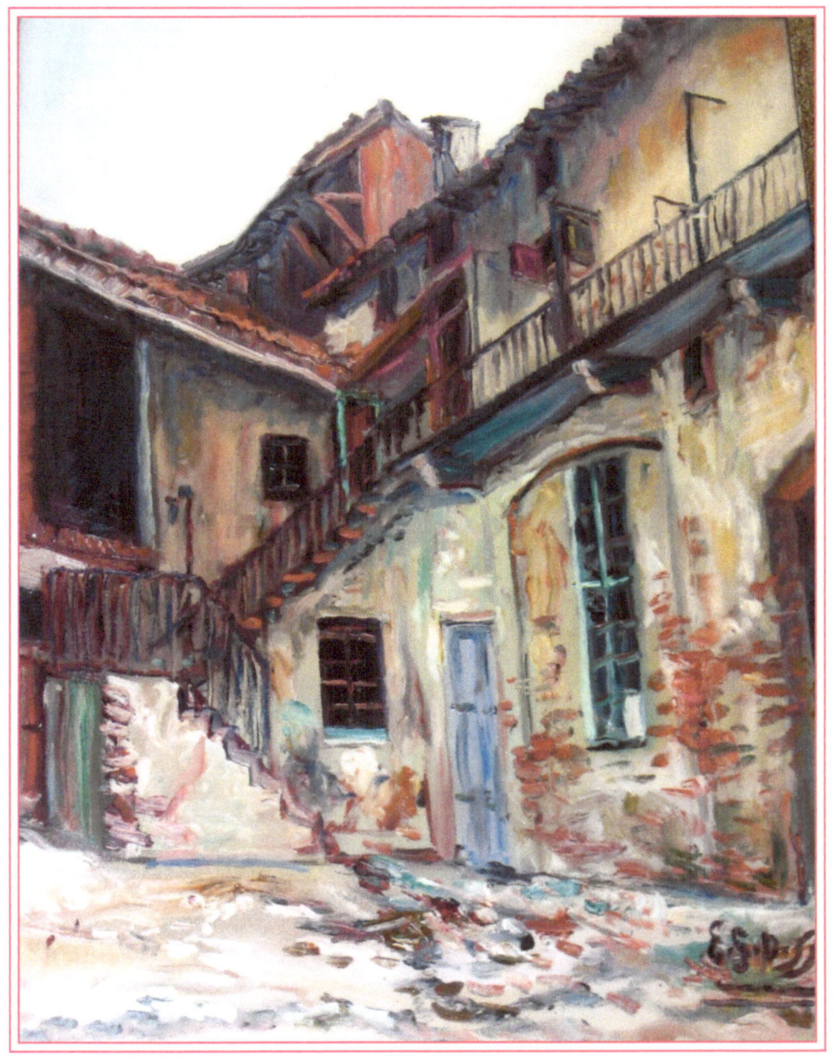

Lombard courtyard #8; oil on canvas, 1981

Cortile lombardo #8; olio su tela, 1981

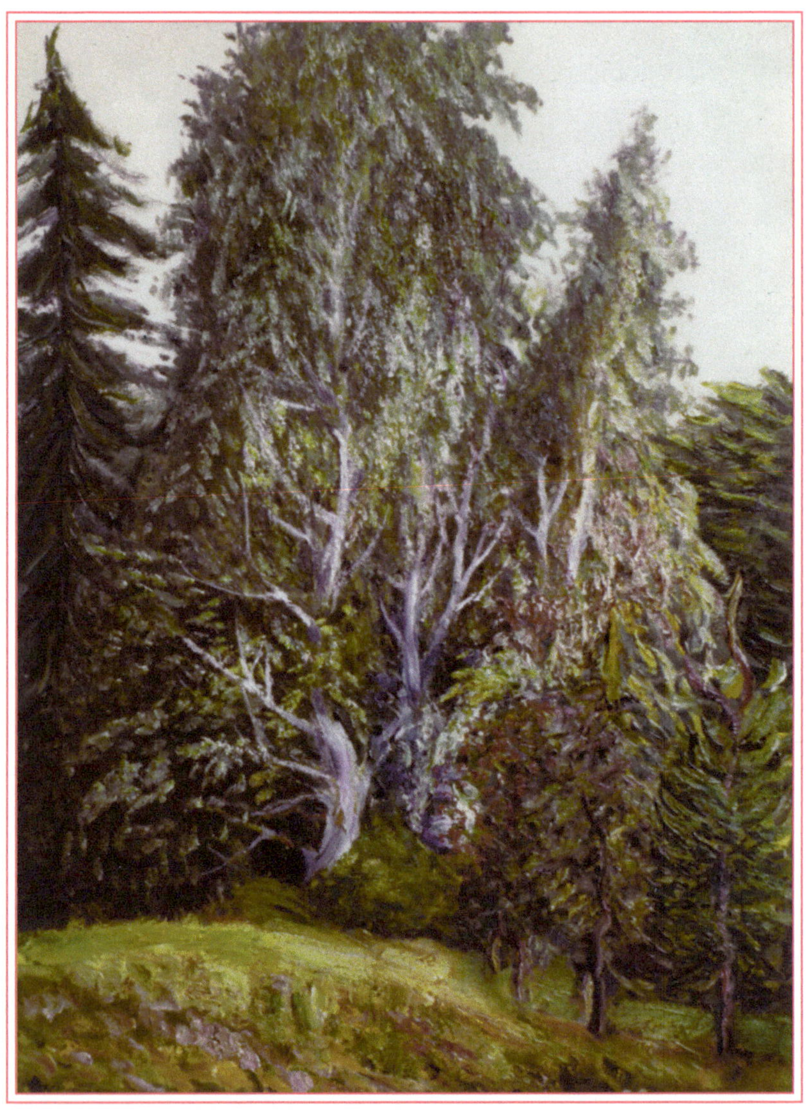

Alpine forest; oil on canvas, 1979

Foresta alpina; olio su tela, 1979

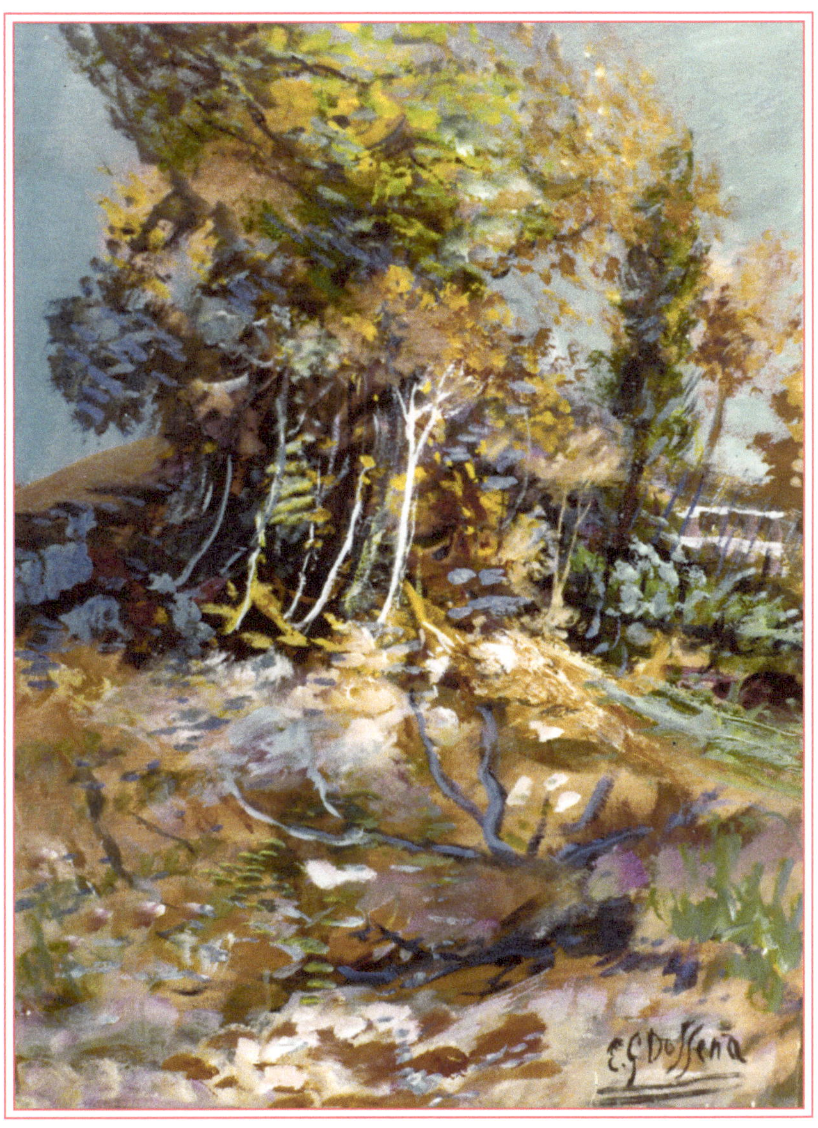

Rising storm; oil on canvas, 1979

Temporale in vista; olio su tela, 1979

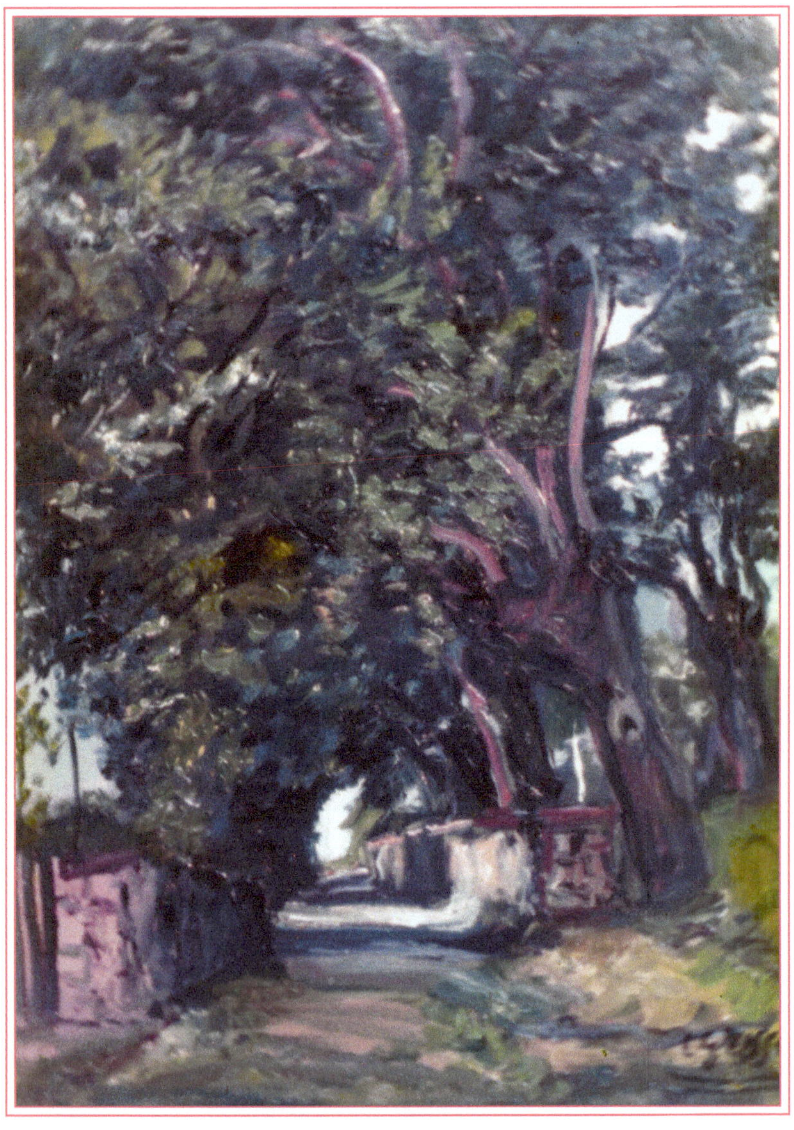

Country road; oil on canvas, 1978

Viottolo di campagna; olio su tela, 1978

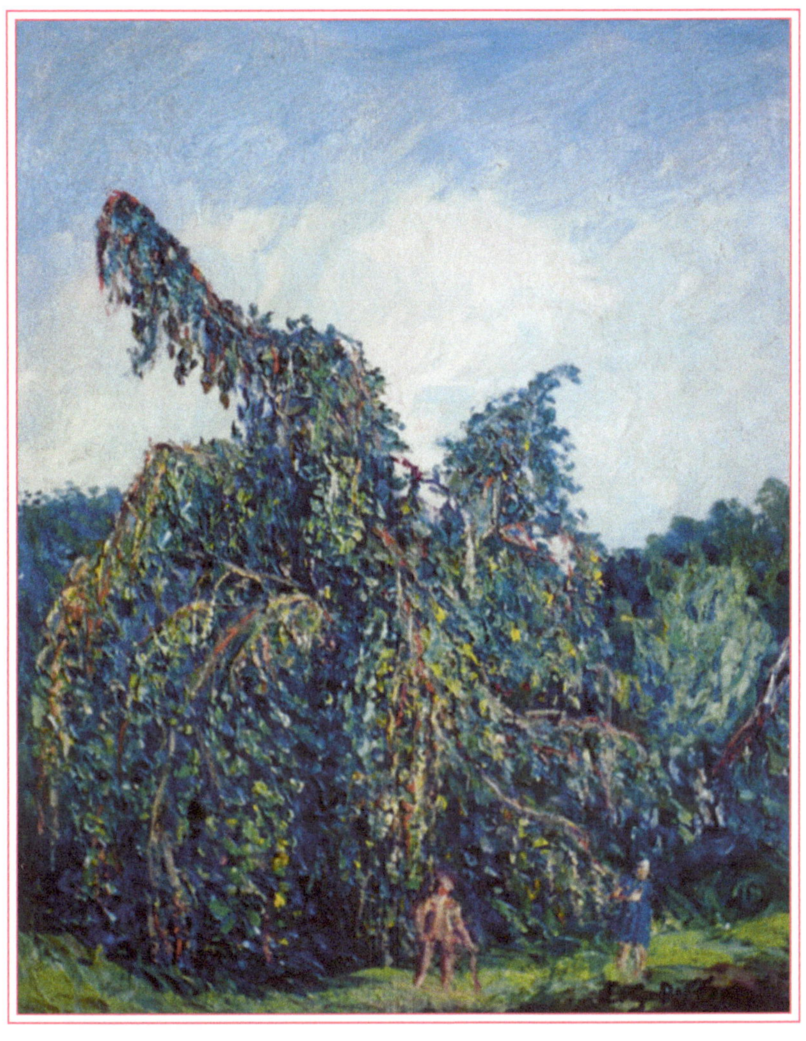

Tree with people; acrylic on cloth-lined cardboard, 1978

Albero con gente; acrilico su cartone telato, 1978

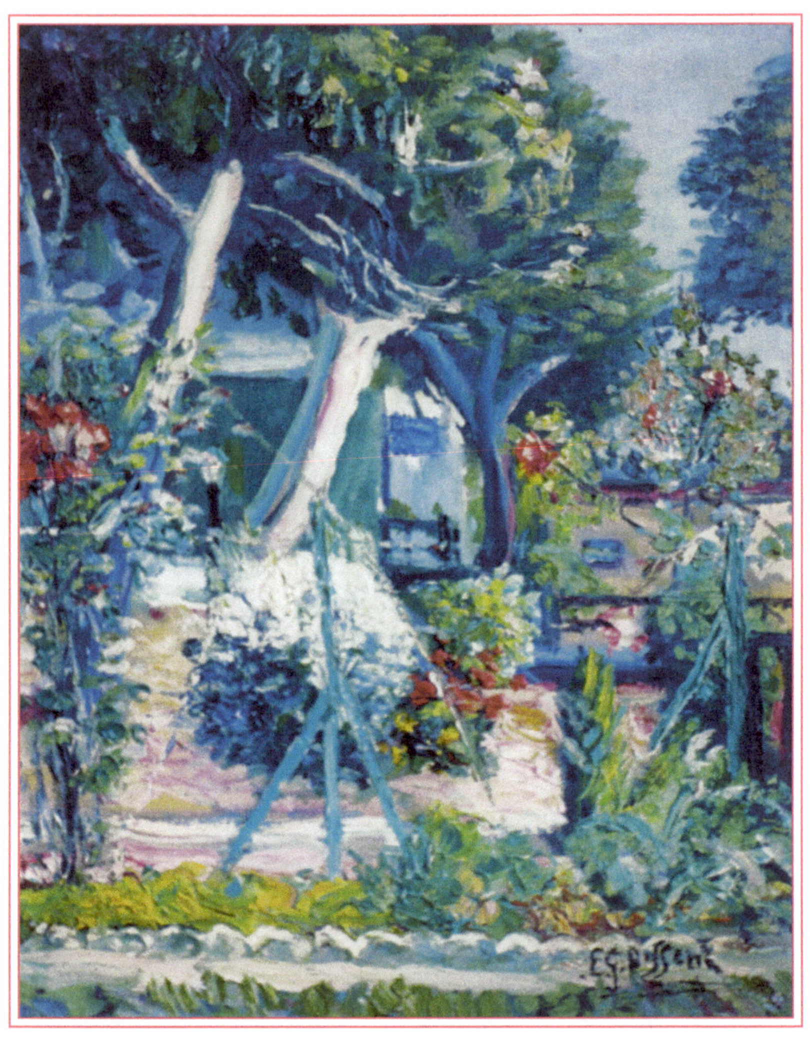

Garden #2; oil on cloth-lined cardboard, 1977

Giardino #2; olio su cartone telato, 1977

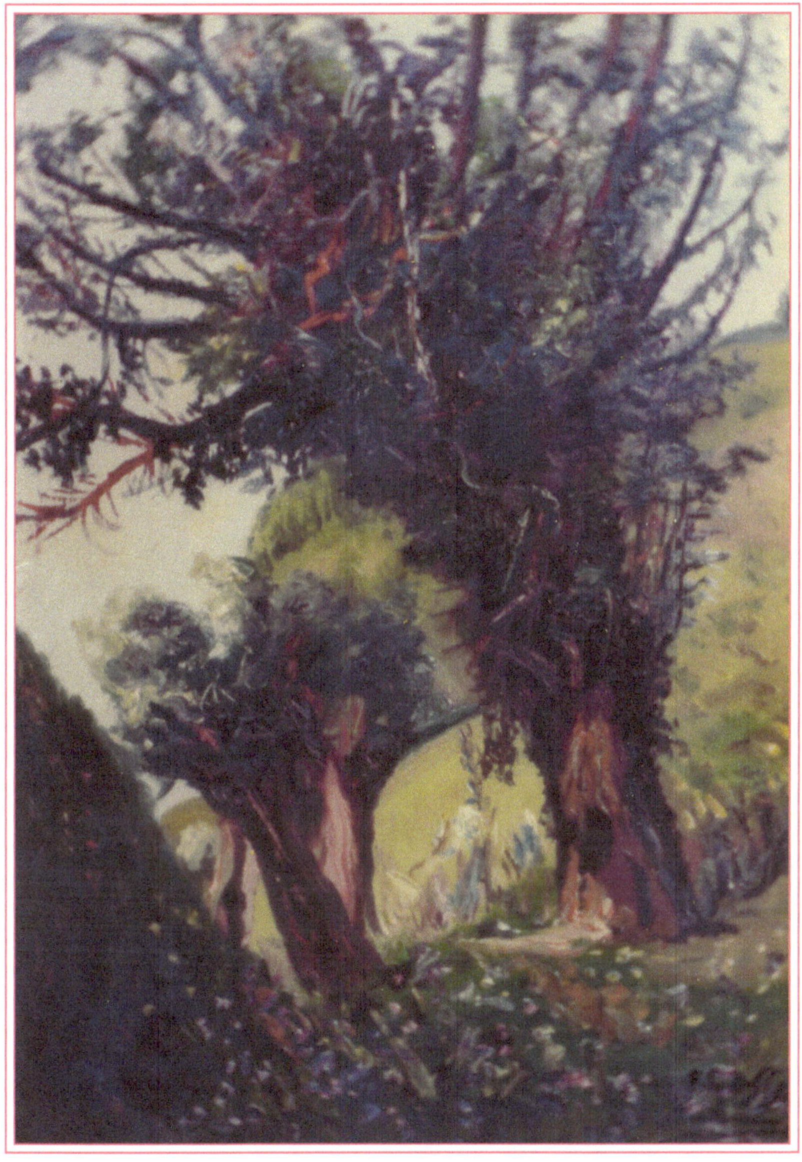

The wise ones; oil on canvas, 1978

I due saggi; olio su tela, 1978

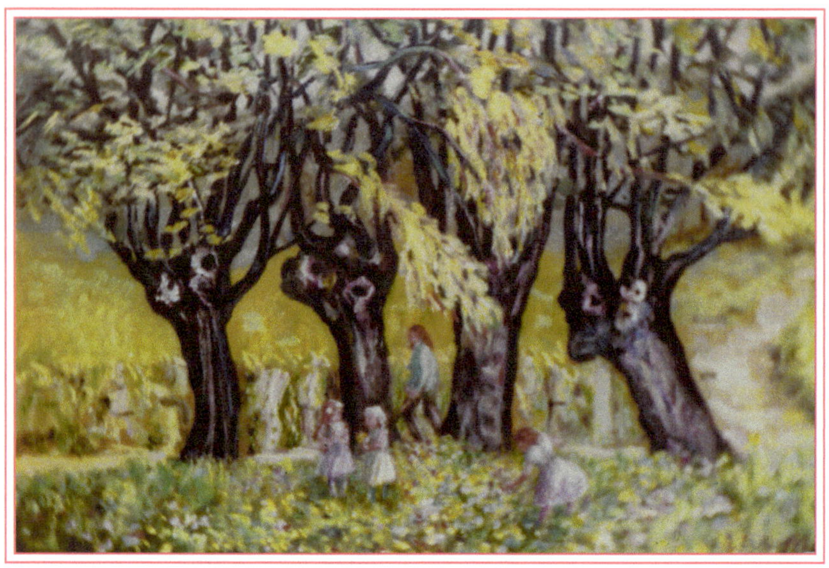

Playing children; oil on canvas, 1978

Bimbi che giocano; olio su tela, 1978

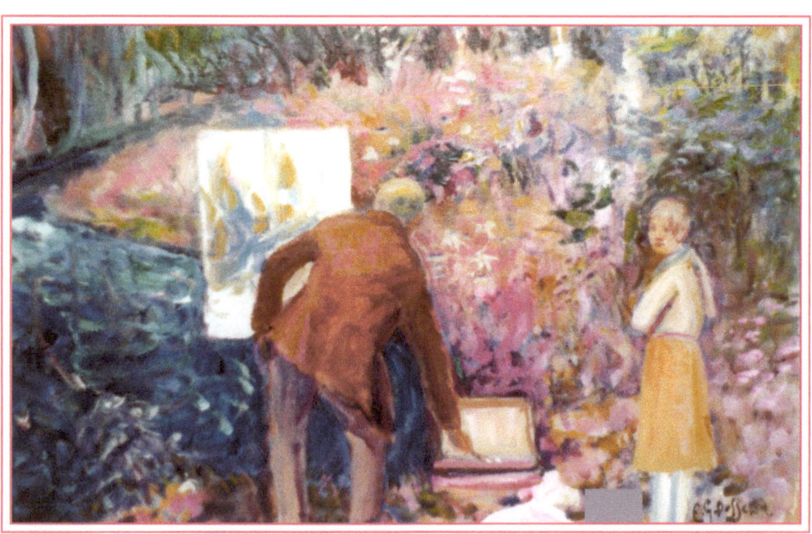

Self portrait E.G. Dossena; oil on canvas, 1979

Autoritratto E.G. Dossena; olio su tela, 1979

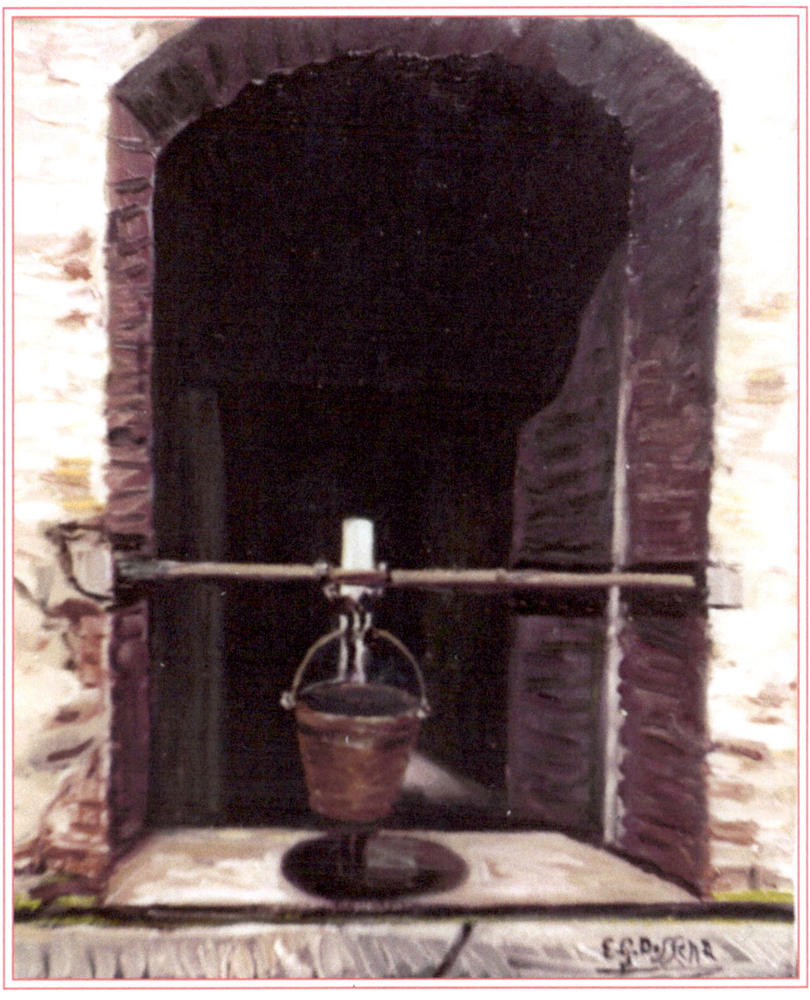

The well; oil on canvas, 1979

Il pozzo; olio su tela, 1979

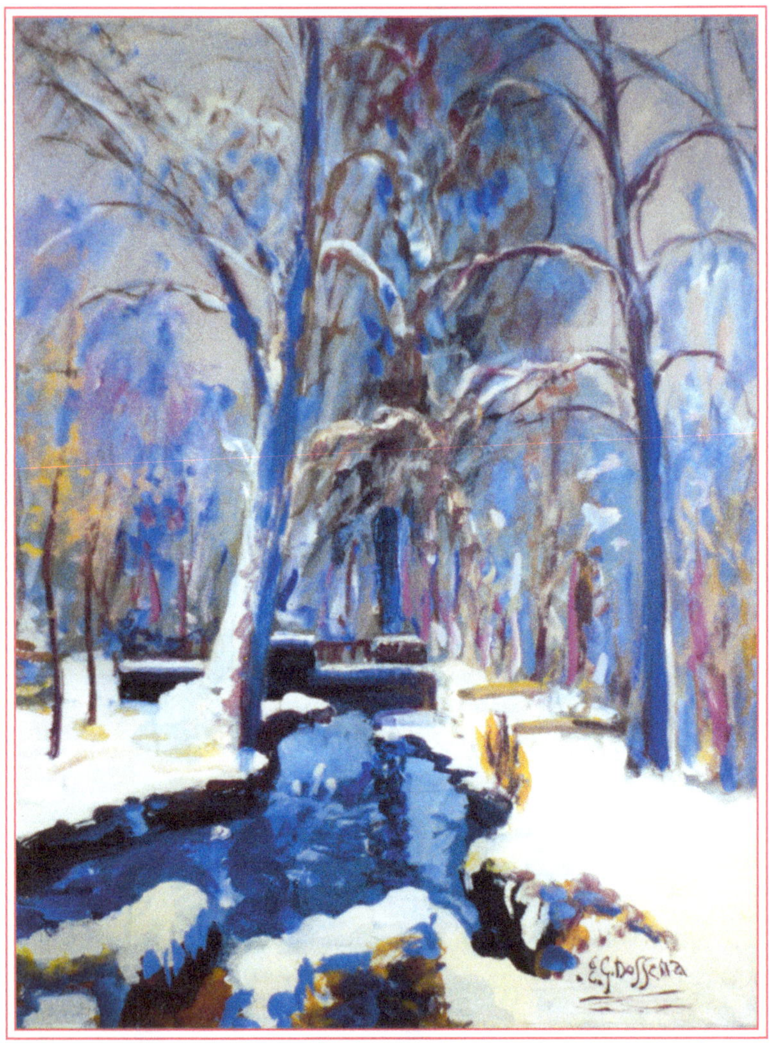

Parco Sempione; oil on canvas, 1977

Parco Sempione; olio su tela, 1977

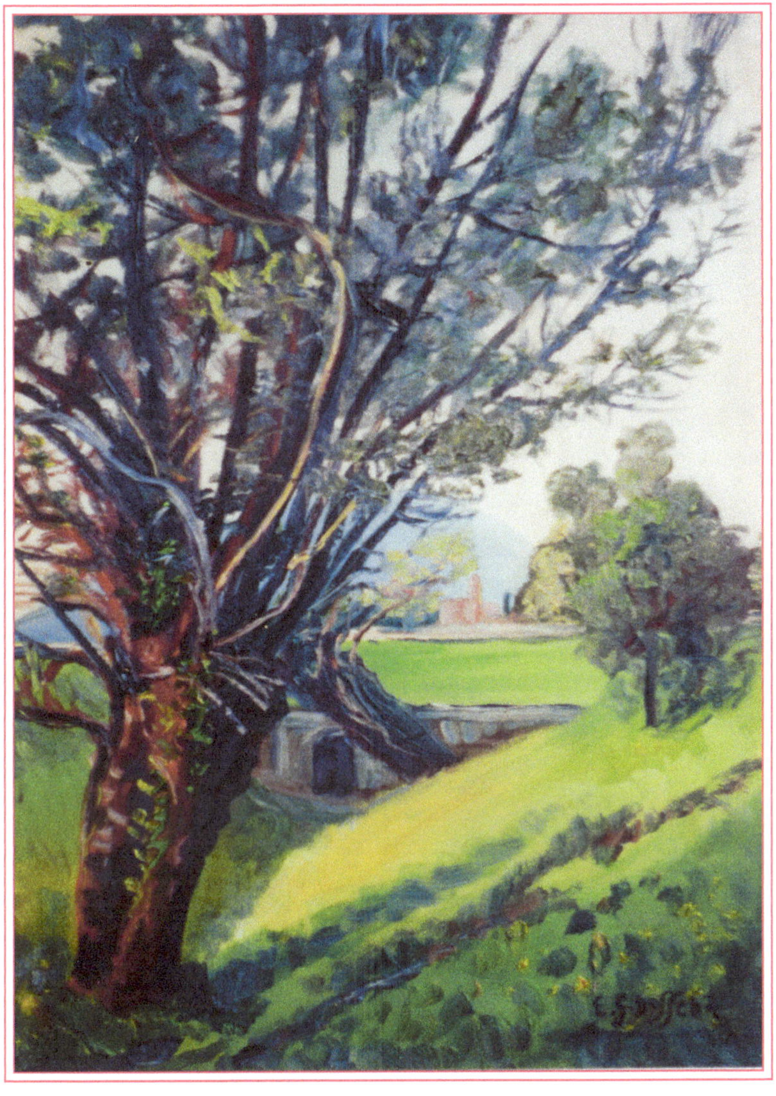

Lombard landscape #4; oil on canvas, 1978

Paesaggio lombardo #4; olio su tela, 1978

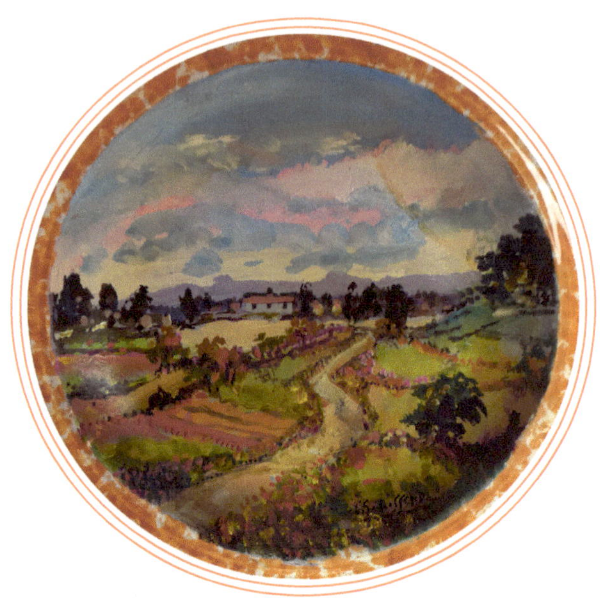

Lombard countryside; acrylic on ceramic, 1970's

Campagna lombarda; acrilico su ceramica, anni settanta

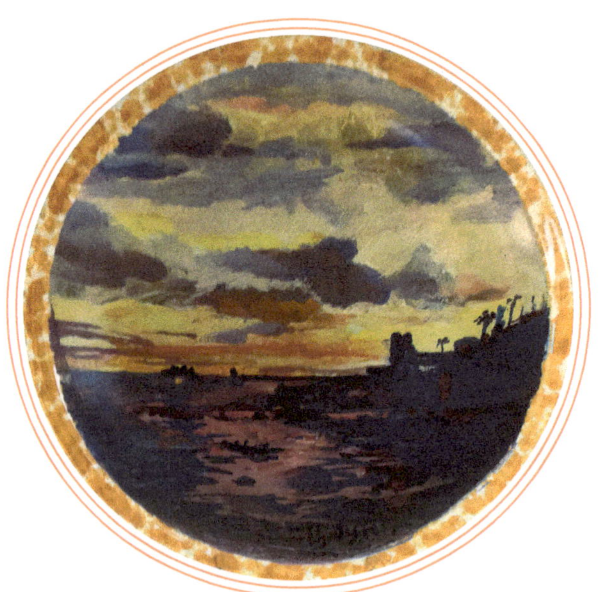

Sanremo; acrylic on ceramic, 1970's

Sanremo; acrilico su ceramica, anni settanta

6

Small Masterpieces On Plates

Piccoli Capolavori Su Piatti

Like many other artists, Dossena uses his knowledge of art to create products aimed not at selling in galleries, but at satisfying the taste and desire of relatives and friends who celebrated lucky events in their lives. To commemorate the occasion of various weddings and births, Dossena paints artistic miniatures on plates which he then gives to the person of honor. The style used in these gifts is not mannerist or rushed. Although painted on a different type of surface, these dishes are true, detailed paintings that reflect the profound mastery of color, the familiarity with the landscape and animals as subjects, and of course the persistent impressionistic imprint.

The lucky recipients treasured these magnificent and complete little masterpieces and will not part from them. These paintings have never reached the market of galleries and large private collections and have thus far been vastly undervalued. They unquestionably deserve to be re-evaluated and thereby earn their well-deserved status in the world of contemporary art.

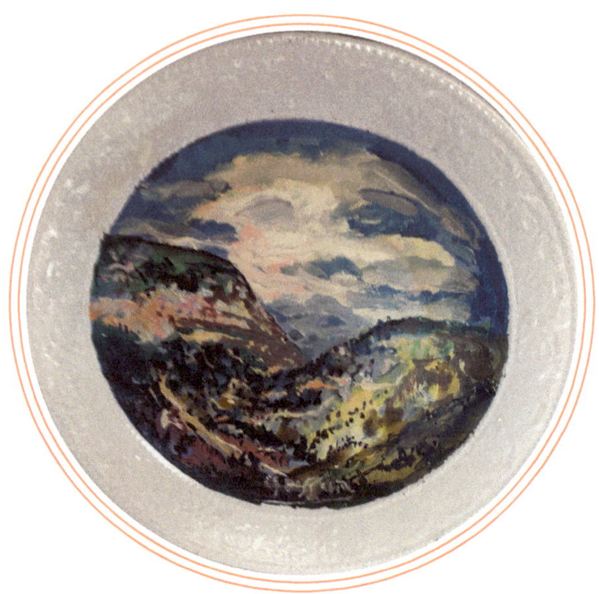

Umbrian Hills; acrylic on ceramic, 1970's

Colline umbre; acrilico su ceramica, anni settanta

Come tanti altri artisti, Dossena utilizza le sue conoscenze nel campo artistico per creare prodotti mirati non alla vendita nelle gallerie, bensì a soddisfare il gusto e il desiderio dei parenti ed amici che celebravano qualche fortunato evento della loro vita. Ecco che, quindi, nell'occasione dei vari matrimoni e nascite, l'artista dipinge delle miniature artistiche su piatti che poi dona ai festeggiati. Lo stile usato in questi doni non è però manierista o affrettato. Questi piatti sono dei veri dipinti che riflettono la profonda padronanza del colore, la dimestichezza con il paesaggio e gli animali come soggetti, e naturalmente la persistente impronta impressionistica.

I fortunati destinatari tengono ben stretti questi magnifici e completi piccoli capolavori. Nonostante queste opere non hanno mai raggiunto il mercato delle gallerie e delle grandi collezioni private e sono quindi stati, finora, ingiustamente poco valorizzati, meritano indiscutibilmente di essere rivalutati e di guadagnare con ciò il proprio meritato status nel mondo dell'arte contemporanea.

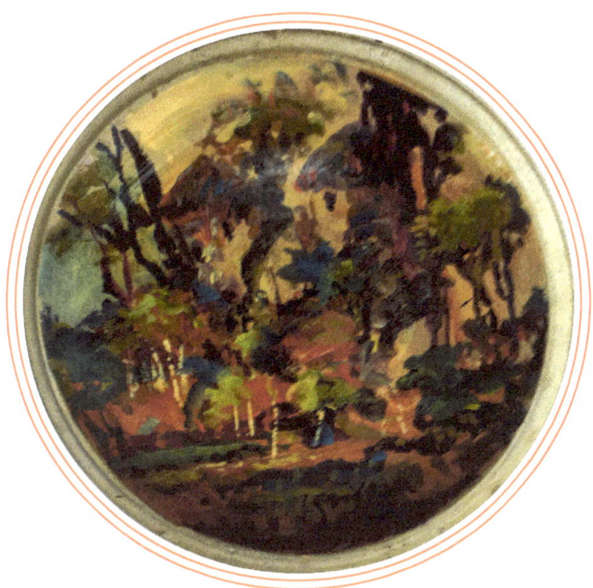

The farmhouse; acrylic on ceramic, 1970's

La fattoria; acrilico su ceramica, anni settanta

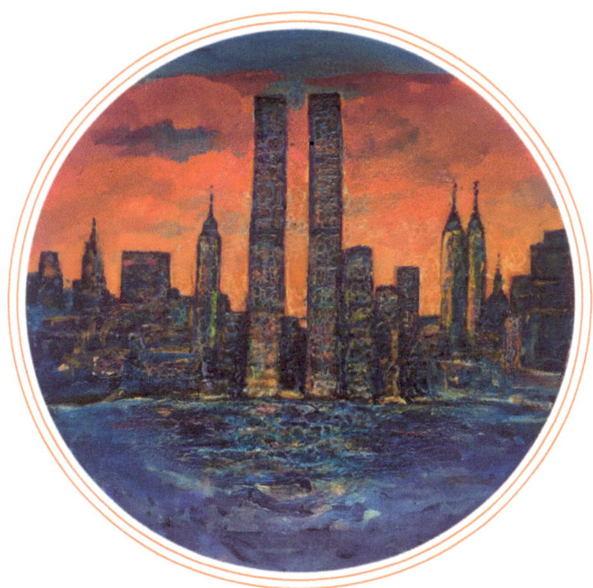

Twin towers; acrylic on ceramic, 1970's

Le torri gemelle; acrilico su ceramica, anni settanta

7

And The Critics Said...

E i Critici Dissero...

Dossena works within a conceptual antinomy of the art of expression...

"Dossena's painting is a lived "condition" of his joie de vivre, the need to communicate the exuberance of color in an archaic scenario, to make every reality his own to adapt it to fantasy.

The figurative themes of the pictorial reality of Dossena are felt as a romantic-affective transposition of nature or as a mnemonic re-enactment of situations. They are landscapes, captured from above in a spread of planes, of chromatic intersections and of repeated, multiplied tangencies, fixed in space and in the preferred hour, they are rustic overall views or amusements of figures where the essential vehicle is color.

Autonomous red, green, blue arrangements linger in the rigorous decorative framework of the painting and free it from an imitative comment; the artist therefore goes on to treat color in a sensitive way.

When the chromatic references dictate heated harmonies in the contrasts, the transition from a "composition" to an "expression" is evident, so that the summary representation of the objects in the demarcation of the drawing is absorbed entirely by the need to order and compose by chromatic masses.

It can be said that Dossena works within a conceptual antinomy of the art of expression, instinctively linked to some developments of the Fauves of which he feels the limit of the form; however in this collection he, although contradicting the experiences, offers us an invitation to live his enthusiasm and his imaginations."

— **Mariangela De Maria**
March 8, 1964

* * * * *

Strong need to communicate...

"...Dossena's painting is stimulated by a strong need to communicate... In his most recent production, the artist shows off a wide range of colors and tones in which he expresses the form, while leaving to the observer a wide range of interpretations..."

— **Mario Albertazzi**
Il Progresso Italo-Americano
May 18, 1969

* * * * *

Great spiritual and aesthetic pleasure for the visitor...

"An exhibition of the well-known painter, sculptor and restorer Professor Emilio Giuseppe Dossena is underway at the Galerie Internationale. The artist is known for the musicality and brightness of his colors and the idealization of his motifs ... This personal exhibition of his is particularly successful and constitutes a source of great spiritual and aesthetic pleasure for the visitor... "

— **Mario Albertazzi**
Il Progresso Italo-Americano
March 26, 1974

He brings the light of nature and the joy of life to his canvases...

"The success reported by the painter Giuseppe Dossena in his recent "personal exhibition" at the Galerie Internationale is more than deserved. A brilliant colorist, he brings the light of nature and the joy of life to his canvases. The sun kisses his flowers, his figures of women and children. A painting of butterflies, games, smiles, happiness, rich in mixed colors and at the same time airy, lively and light as a sweet caress."

— Mario Albertazzi
Il Progresso Italo-Americano
April 8, 1974

* * * * *

With a hint of Van Gogh...

"Galerie Internationale is featuring a one-man show of paintings by Italian artist Giuseppe Dossena. These are exuberant works in rich, assertive color, dealing with varied subject matter, both abstract and representational. In either case, there's a feeling of nervous energy bursting forth in the artist's treatment of generously flowered fields, butterflies, still lifes and dancing figures such as in *Giorno di Festa* as well as in the breathless swirls which conjure up a vision of ghosts in *Fantasmi.*

Most appealing are several large landscapes in a somewhat more subdued and impressionistic vein and with a fresh, ingratiating palette.

Pomeriggio Estivo (Summer Afternoon), with a hint of Van Gogh in the rhythmic sky treatment, is particularly lovely as is *Bambini nel Giardino,* a sunny springtime view of children playing in the park".

— Dorothy Hall
NY Park East
March 23, 1974

We did well to host Dossena at the Ambrosiano Club...

...Here, I will say that I had already known this artist (and he did not know it) walking around Milan; for example, in Via Piero della Francesca there are many places, in particular bars, with paintings made by Dossena; I remember that I looked and I connected the name to that of Marilena and I thought: this is her dad...

...I liked them, especially the landscapes. Here I see that the landscapes are not prevalent, but when I came and took a look at the exhibition this afternoon, I said to myself: we did well to host Dossena at the Ambrosiano Club.

...it is also a tribute to this artist who has worked in Milan for a long time, who works in Milan and who, as you can all see, has an absolute value.

I thank him for choosing the Ambrosiano club and on behalf of the club and all the friends of Radio Meneghina, I congratulate him and congratulate you on having intervened tonight.

— Tullio Barbato

(Journalist, director of Radio Meneghina)

From the introductory speech at the occasion of the artist's personal exhibit (1983) at the Circolo Ambrosiano Meneghin and Cecca Club in Milan.

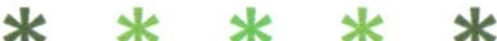

Good communicative painter...

The painter Emilio Giuseppe Dossena, artist of long career, exhibits in the hall of the gonfalons of the Circolo Ambrosiano Meneghin and Cecca.

For a long time he worked as a fresco painter in castles and aristocratic residences, he was also a restorer of mural paintings, in particular of 18 large frescoes in the St. Paul church in Brooklyn (New York). Now, in the headquarters of the Milanese Circolo, it has an exhibition of many paintings of various sizes, still lives, landscapes and small human figures. The latter are generally rustic landscapes, but there are visions, elevations of Venice (I point out that in dark blue, with an inflamed sky) and New York, themes conducted with loose, quick, substantial strokes.

The flowers keep the whole field of the picture; they are truly cheerful and truly multicolored. Still lives with fruit are works in which, more than elsewhere, the color rings, so that Dossena seems in some ways a fauve. In truth, his pictorial process is due to the impressions, the consequent emotions, which transform reality and regulate the chromatic entities in the canvas. In addition to the rustic landscapes, Dossena loves to present both the mountain and the sea to Americans: in certain moments of light, movement of the waves, with a fitting interpretation.

Many works have executive happiness, freshness of conduction, while others tend towards the sketch genre, the first idea thrown down quickly, thick with brush strokes. With this exhibition Emilio Giuseppe Dossena wanted to artistically confide in the public, to the point of setting up a small wall with works from the 1940s, a small and pleasant exhibition within the exhibition. Experience and technique combined with inspiration make this artist a great painter with a communicative effusion.

— Mario Portalupi

Art critic of "La Notte Daily" newspaper

1983

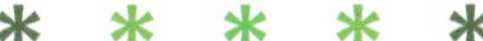

I vastly admired these small size paintings, which I found full of inspiration...

We don't have here only one painter, there are two of them: the one who painted the small paintings and the one who painted the large ones...

To this artist, almost my age, I want to say one thing: please continue to create the small ones, or paint larger ones too, but always in the same style (of the small ones).

I vastly admired these small size paintings, which I found full of inspiration... they make you dream because they are open to so many interpretations...

— **Mario Soldati**

(Famous writer and film director)

Quote from the opening of the artist's personal exhibition in 1983 at the Circolo Meneghin e Cecca of Milano

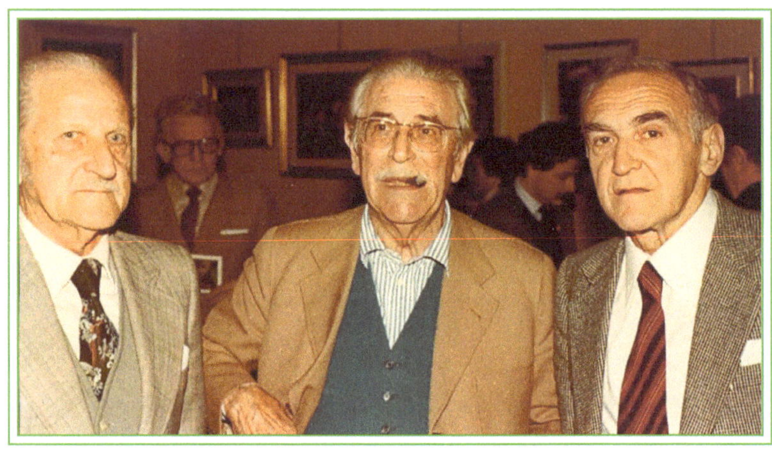

Opening ceremony of the art exhibit at the Circolo Meneghin e Cecca. The artist with the famed Italian writer and film director Mario Soldati and the legendary Hon. Corrado Bonfantini.

Cerimonia di apertura della mostra d'arte al Circolo Meneghin e Cecca. L'artista con il famoso scrittore e regista italiano Mario Soldati e il leggendario On. Corrado Bonfantini.

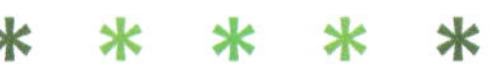

Intense chromatic harmonies...

On Friday 20 November (1998) at the presence of the Consul General of Italy in New York and Connecticut, Hon. Giorgio Radicati and a large audience, the retrospective exhibit dedicated to the Lombard artist Emilio Giuseppe Dossena took place in the prestigious rooms of the Trask Gallery of the National Arts Club, located at 15 Gramercy Park South.

The exhibition... aims to be an itinerary of the painter's personal and artistic life, and was proposed in the gallery in chronological order. Starting from the 1940s and using impressionistic techniques, the painter makes masterful use of the colors of his land, and with great sensitivity he perceives experiencing the world as an artist and an individual. From the use of colors: brown, ocher, yellow, Sienna to burnt red, to themes ranging from nature, to objects and characters, Dossena in the paintings of this period is the artist who observes and reproduces impressions on the canvas, his personal reactions in which, at the same time, the vast experience acquired alongside internationally renowned painters such as Guttuso, Cantatore, Sassu and Lilloni shines through.

...Dossena becomes a poet on the canvas and in the 1950s this realization became more evident by acquiring a different perspective in proposing the themes that interest him. In the canvases there is a greater movement, the characters are more prominent and the colors change; red and blue take over. Society is changing and the painter is adapting to the new needs of the artistic world without forgetting the subjectivity that makes his work unique.

...The American experience has a great influence on the painter. It is, in fact, in this period that color assumes a greater relevance, while the style slowly transforms itself and gets closer and closer to neo-expressionism. The colors on the canvases of this period are strong, the brush affects the intense chromatic harmonies that suggest to the viewer the balance of shapes and content achieved by the painter.

...The large audience of American and Italian artists and intellectuals who packed the gallery rooms at the inauguration reconfirmed the popularity that Italian cultural events can have (in New York) if organized well. It is the first time that an "Italian" event has been ccepted and offered in the wonderful location of the NATIONAL ARTS CLUB...

— **Sandy Auriti**

L'Idea Magazine (Volume 1) Issue #72, Brooklyn, NY

November 1998

...una antinomia concettuale dell'arte dell'espressione...

"La pittura di Dossena è «condizione» vissuta della sua gioia di vivere, bisogno di comunicare in uno scenario arcaico l'esuberanza del colore, far sua ogni realtà per adeguarla alla fantasia.

I temi figurativi della realtà pittorica di Dossena, sono sentiti come trasposizione romantico-affettiva della natura o come rievocazione mnemonica di situazioni. Sono paesaggi, colti dall'alto in un divaricare di piani, di intersezioni cromatiche e di tangenze ripetute, moltiplicate, fissate nello spazio e nell'ora preferita, sono rustiche vedute d'insieme o divertimenti di figure ove il veicolo essenziale è il colore.

Accordi di rossi, verdi, azzurri di carattere autonomo, indugiano nella rigorosa impalcatura decorativa del quadro e lo liberano da un commento imitativo; l'artista passa perciò a trattare il colore in funzione sensitiva.

Quando i richiami cromatici denunciano accese armonie nei contrasti, il passaggio transitivo da una «composizione» ad una «espressione» è evidente, così che la sommaria rappresentazione degli oggetti nella demarcazione del disegno, viene assorbita interamente dalla necessità di ordinare e comporre per masse cromatiche.

Si può dire che Dossena lavori entro una antinomia concettuale dell'arte dell'espressione, istintivamente legato ad alcuni svolgimenti dei Fauves dei quali sente il limite della forma; tuttavia in questa raccolta egli, pur contraddizione delle esperienze, ci offre l'invito a vivere i suoi entusiasmi e le sue immaginazioni."

— Mariangela De Maria,
8 marzo 1964

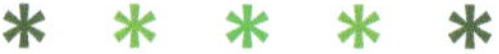

...forte bisogno di comunicare...

"...La pittura di Dossena è stimolata da un forte bisogno di comunicare... Nella sua produzione più recente, l'artista fa sfoggio di una vasta gamma di colori e toni in cui esprime la forma, pur lasciando all'osservatore un'ampia possibilità interpretativa..."

— Mario Albertazzi,
Il Progresso Italo-Americano
18 maggio 1969

* * * * *

...sommo piacere spirituale ed estetico per il visitatore...

"È in corso alla Galerie Internationale una esposizione del noto pittore, scultore e restauratore professore Emilio Giuseppe Dossena. L'artista è noto per la musicalità e luminosità dei suoi colori e l'idealizzazione dei suoi motivi... Questa sua personale è particolarmente riuscita e costituisce motivo di sommo piacere spirituale ed estetico per il visitatore..."

— Mario Albertazzi,
Il Progresso Italo-Americano
26 marzo 1974

* * * * *

...porta nelle sue tele la luce della natura e della gioia della vita...

"Più che meritato il successo riportato dal pittore Giuseppe Dossena nella sua recente "personale" alla Galerie Internationale. Colorista brillante, egli porta nelle sue tele la luce della natura e della gioia della vita. Il sole bacia i suoi fiori, le sue figure di donne e bambini. Una pittura di farfalle, giochi, sorrisi, felicità, ricca di impasto e nello stesso tempo ariosa, movimentata e lieve come una dolce carezza".

— Mario Albertazzi,
Il Progresso Italo-Americano
8 aprile 1974

...con un accenno a van Gogh...

É in corso alla Galerie International una mostra personale di quadri dell'artista italiano Emilio Giuseppe Dossena. I suoi dipinti sono opere esuberanti in cui il ricco ed assertivo colore è usato per portare alla luce vari soggetti, sia astratti sia simbolico-rappresentativi. L'energia nervosa che è incanalata nel trattamento artistico delle sue opere, riappare ai nostri occhi come una sensibile esplosione di colori nei suoi campi generosamente infiorati, nelle sue farfalle, nelle sue nature morte e nelle sue figure danzanti quali in **Giorno di Festa** così come negli andamenti sinuosi mozzafiato che invocano una visione spettrale in **Fantasmi.**

Attraente nell'opera di Dossena è pure il gruppo di paesaggi di larghe dimensioni, nel quale è notabile una vena più impressionistica ed un tono più attenuato, ma con una tavolozza fresca ed ingraziante.

Pomeriggio Estivo, con un accenno a van Gogh nella lavorazione ritmica del cielo, è particolarmente grazioso, quanto lo è **Bambini nel Giardino**, un'osservazione primaverile di bambini che giocano al parco.

— Dorothy Hall,
NY Park East,
23 Marzo, 1974

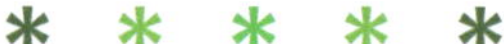

...abbiamo fatto bene ad ospitare Dossena al Circolo Ambrosiano...

...Ecco, io dirò che avevo già conosciuto questo artista (e lui non lo sapeva) girando per Milano; per esempio, in Via Piero della Francesca vi sono molti locali, in particolare bar, con dei dipinti fatti da Dossena; io mi ricordo che ho guardato e ho collegato il nome a quello di Marilena e ho pensato: questo è suo papà....

...mi sono piaciuti, specialmente i paesaggi. Qui vedo che non sono prevalenti i paesaggi, ma quando questo pomeriggio sono venuto e ho dato un'occhiata alla Mostra, mi sono detto: abbiamo fatto bene ad ospitare Dossena al Circolo Ambrosiano.

...è anche un omaggio a questo Artista che a Milano ha lungamente operato, che a Milano opera e che, come potete vedere tutti, ha un valore assoluto.

Io lo ringrazio per avere scelto il Circolo Ambrosiano ed a nome del Circolo e di tutti gli amici di Radio Meneghina, gli faccio i miei complimenti e rallegramenti per essere intervenuto questa sera.

— Tullio Barbato

(Giornalista, direttore di Radio Meneghina)

Dal discorso introduttivo alla personale indetta presso il Circolo Meneghin e Cecca di Milano

1983

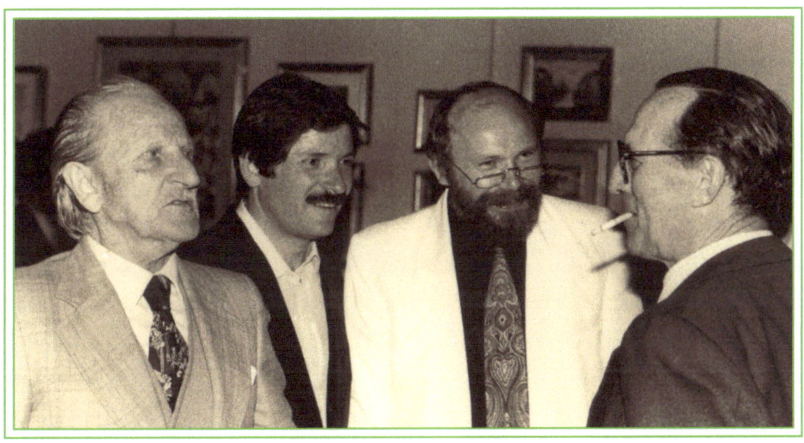

Opening ceremony of the art exhibit at the Circolo Meneghin e Cecca. From the left, the artist, his nephew Arch. Dr. Emilio Dossena, a non-identified visitor and the art critic Raffaele De Grada; 1983.

Cerimonia di apertura della mostra d'arte al Circolo Meneghin e Cecca. Da sinistra, l'artista, suo nipote Arch. Dr. Emilio Dossena, un visitatore non identificato ed il critico d'arte Raffaele De Grada; 1983.

* * * * *

Buon pittore comunicativo.

Nel salone dei gonfaloni del Circolo Ambrosiano Meneghin e Cecca –Via Monte di Pietà 1– espone il pittore Emilio Giuseppe Dossena, artista di lunga carriera.

Per parecchio tempo ha svolto attività di pittore affreschista in castelli e aristocratiche residenze, è stato anche restauratore di pitture murali, in particolare di 18 grandi affreschi nella chiesa St.Paul a Brooklyn (Nuova York). Ora, nella sede del milanesissimo Circolo ha una mostra di molti dipinti di vario formato, nature morte, paesaggi e piccole figure umane. I secondi sono in genere dei paesaggi rustici, ma ci sono visioni, prospetti di Venezia (segnalo quella in azzurro cupo, dal cielo infiammato) e di Nuova York, temi condotti con una pittura sciolta, svelta, materica.

I fiori tengono tutto il campo del quadro, sono di effetto veramente gaio e davvero multicolore. Le nature morte di frutta sono opere nelle quali, più che altrove, il colore squilla, sì che Dossena sembra in talune un fauve. In verità il suo processo pittorico è dovuto alle impressioni, alle emozioni conseguenti, che trasformano la realtà e regolano le entità cromatiche in tela. Oltre ai paesaggi rustici, agli statunitensi, Dossena ama presentare sia la montagna sia il mare: in certi momenti di luce, di movimento delle onde, con aderente interpretazione.

Molte opere hanno felicità esecutiva, freschezza di conduzione, altre tendono al genere bozzettistico, alla prima idea buttata giù alla svelta, fitta di pennellate. Emilio Giuseppe Dossena ha voluto con questa mostra artisticamente confidarsi al pubblico, al punto di allestire una paretina con opere degli anni Quaranta, piccola e gradevole mostra nella mostra.

L'esperienza e la tecnica unite all'ispirazione fanno di questo artista un buon pittore dall'effusa comunicativa.

— **Mario Portalupi**

Critico d'arte del giornale "La Notte Daily"

1983

...ho ammirato molto questi piccoli quadri, che ho trovato pieni d'ispirazione...

Qua non c'è un pittore solo, ve ne sono due: quello che ha dipinto i quadri più grandi e quello dei quadri più piccoli...

A questo pittore, quasi mio coetaneo, io direi una cosa: che continui a fare i piccoli, oppure ne faccia anche più grandi, ma nello stesso stile.

Io ho ammirato molto questi piccoli quadri, che ho trovato pieni d'ispirazione... che fanno sognare, perchè si prestano a varie interpretazioni...

— **Mario Soldati**,
(famoso scrittore e regista cinematografico)
Dal discorso introduttivo all'apertura della Mostra Personale dell'artista nel 1983, presso il Circolo Meneghin e Cecca di Milano

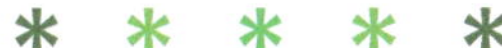

... armonie cromatiche intense...

Venerdì 20 novembre (1998) alla presenza del Console Generale d"Italia di New York e Connecticut, onorevole Giorgio Radicati e di un folto pubblico, si è svolta, nelle prestigiose sale della Trask Gallery del National Arts Club, sita al 15 Gramercy Park South, la retrospettiva dedicata all'artista lombardo Emilio Giuseppe Dossena.

La mostra... vuole essere un itinerario della vita personale ed artistica del pittore, ed è stata proposta nella galleria in ordine cronologico. Iniziando dagli anni Quaranta e impiegando le tecniche impressionistiche, il pittore fa uso magistrale dei colori della sua terra, e con grande sensibilità percepisce sperimentando il mondo come artista e individuo. Dall'impiego dei colori: marrone, ocra, giallo, terra di Siena al rosso bruciato, a temi che vanno dalla natura, ad oggetti e personaggi, Dossena nei quadri di questo periodo è l'artista che osserva e ripropone sulla tela le impressioni, le sue reazioni personali in cui traspare, al tempo stesso, anche la vasta esperienza acquisita accanto a pittori di prestigio internazionali quali Guttuso, Cantatore, Sassu e Lilloni.

...Dossena si scopre poeta sulla tela e negli anni Cinquanta questa realizzazione si fa più evidente acquisendo un'ottica diversa nel riproporre i temi che lo interessano. Nelle tele c'è un maggiore movimento, i personaggi hanno maggiore rilievo e i colori cambiano; subentrano il rosso ed il blu. La società sta cambiando e il pittore si adegua alle nuove esigenze del mondo artistico senza però dimenticare quella soggettività che rende la sua opera unica.

...L'esperienza statunitense ha una grande influenza sul pittore. È, infatti, in questo periodo che il colore assume una rilevanza maggiore, mentre lo stile lentamente si trasforma e si avvicina sempre di più al neo-espressionismo. I colori sulle tele di questo periodo sono forti, il pennello incide sulle tele armonie cromatiche intense che suggeriscono allo spettatore l'equilibrio di forme e contenuto raggiunto dal pittore.

...Il folto pubblico di artisti ed intellettuali americani ed italiani che ha gremito le sale della galleria all'inaugurazione, ha riconfermato la popolarità che gli eventi culturali italiani possono avere (a New York) se organizzati bene. È la prima volta che un avvenimento "italiano" è stato accettato ed offerto nella meravigliosa sede del NATIONAL ARTS CLUB...

— Sandy Auriti,
L'Idea Magazine (Volume 1) No. 72, Brooklyn, NY
Novembre 1998

8

Exhibits, Awards and Bibliography

Mostre, Premi e Bibliografia

1943 **Galleria Gavioli;** Milan, Italy

Galleria Gavioli; Milan, Italy
(Personal - *Personale*)

1963 **La Permanente;** Milan, Italy

Palazzo Reale; Milan, Italy

1964 **International Health Studio;** Milan, Italy
(Personal - *Personale*)

La Permanente; Milan, Italy

Palazzo Reale; Milan, Italy

1965 **La Permanente;** Milan, Italy

Palazzo Reale; Milan, Italy

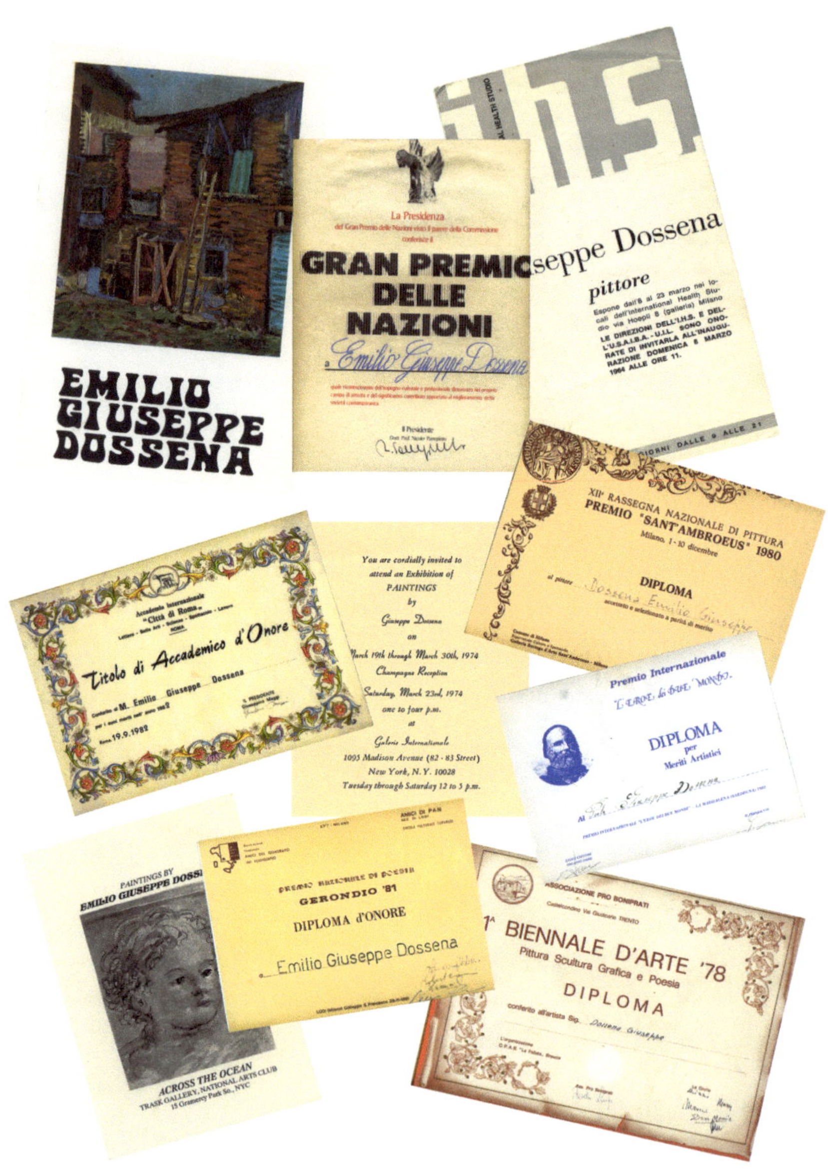
EMILIO
GIUSEPPE
DOSSENA
La Presidenza
GRAN PREMIO
DELLE
NAZIONI
Emilio Giuseppe Dossena
seppe Dossena
pittore
Espone dall'8 al 23 marzo nei locali dell'International Health Studio via Hoepli 8 (galleria) Milano
LE DIREZIONI DELL'I.H.S. E DELL'U.S.A.I.B.A. - U.I.L. SONO ONORATE DI INVITARLA ALL'INAUGURAZIONE DOMENICA 8 MARZO 1964 ALLE ORE 11.
XII^ RASSEGNA NAZIONALE DI PITTURA
PREMIO "SANT'AMBROEUS" 1980
Milano, 1 - 10 dicembre
DIPLOMA
Titolo di Accademico d'Onore
Roma 19.9.1982
You are cordially invited to attend an Exhibition of
PAINTINGS
by
Giuseppe Dossena
on
March 19th through March 30th, 1974
Champagne Reception
Saturday, March 23rd, 1974
one to four p.m.
at
Galerie Internationale
1095 Madison Avenue (82 - 83 Street)
New York, N.Y. 10028
Tuesday through Saturday 12 to 5 p.m.
Premio Internazionale
DIPLOMA
per
Meriti Artistici
PAINTINGS BY
EMILIO GIUSEPPE DOSS
ACROSS THE OCEAN
TRASK GALLERY, NATIONAL ARTS CLUB
15 Gramercy Park So., NYC
GERONDIO '81
DIPLOMA d'ONORE
Emilio Giuseppe Dossena
ASSOCIAZIONE PRO BONIPRATI
BIENNALE D'ARTE '78
Pittura Scultura Grafica e Poesia
DIPLOMA
conferito all'artista Sig. Dossena Giuseppe

1966 **La Permanente;** Milan, Italy

Palazzo Reale; Milan, Italy

1967 **L'Art Internationale;** Nice, France

La Permanente; Milan, Italy

1973 **Galerie Internationale;** New York, United States
(Personal - *Personale*)

1974 **Galerie Internationale;** New York, United States
(Personal - *Personale*)

Wiener Gallery; New York, United States
(Personal - *Personale*)

1977 **Galleria Treves;** Spotorno (Genoa), Italy
(Personal - *Personale*)

Galleria Treves; Milan, Italy
(Personal - *Personale*)

1978 **Galleria Il Portichetto;** Stresa, Italy
(Personal - *Personale*)

Proloco; Boniprati, Italy

Premio Sant'Ambroeus; Milan, Italy

1979 **Premio Sant'Ambroeus;** Milan, Italy

Premio Pavone d'Oro; Milan, Italy

Pinacoteca d'Arte Moderna; Salsomaggiore Terme, Italy
(Personal - *Personale*)

1980 **Premio Sant'Ambroeus;** Milan, Italy

Premio Italia; Salsomaggiore Terme, Italy

Pinacoteca d'Arte Moderna; Salsomaggiore Terme, Italy

1981 **Premio ZEUS Città di Rimini;** Rimini, Italy

Arte Castello; Montalbo di Ziano, Italy

Premio Arona; Arona, Italy

Premio Gerondio (Targa d'Argento); Lodi, Italy

L'Arte Contro la Violenza; Bologna/Rome, Italy

1982 **Premio Associazione Nazionale Artisti;** Palermo, Italy

Premio Oscar di Montecarlo; Montecarlo, Monaco

Concorso Nazionale di Pittura; Squinzano, Italy

Premio Accademia Il Machiavello; Florence, Italy

New York Prize; New York, United States

L'Arte Contro la Violenza; Bologna/Rome, Italy

Premio Ungaretti (Segnalazione d'Onore); Naples, Italy

Les Salons des Nations; Paris, France

1983 **Circolo Ambrosiano Meneghino e Cecca**; Milan, Italy (Personal - *Personale*)

Medaglia d'Oro per Meriti Culturali, World Parliament; United States

Premio Internazionale L'Eroe dei Due Mondi; Cagliari, Italy

Superpremio di Poesia L'Eroe dei Due Mondi; Cagliari, Italy

Premio Napoli (Segnalazione d'Onore); Naples, Italy

Premio Accademia Giuseppe Ungaretti; Naples, Italy

Terzo Premio di Pittura Campidoglio; Rome, Italy

Premio Milano di Pittura; Milan, Italy

Premio Cesare d'Oro (Segnalazione d'Onore), Gazzetta Europea

Premio Ordine Internazionale per la Pace; Rome, Italy

Gran Premio delle Nazioni; Rome, Italy

Premio Letterario di Buccinasco; Buccinasco, Italy

Premio Le Muse; Messina, Italy

1985 **Ambrogino d'Oro per l'Arte,** City Hall of Milan; Italy

1986 **Premio Fiaccola d'Oro,** World Parliament; United States

Cavaliere delle Arti, Accademia Bedriacense; Cremona, Italy

1987 **Dottorato Honoris Causa, University of Humanistic Studies;** United States

1989 **Firma impressa sul Muretto d'Alassio**

1998 **Trask Gallery, National Arts Club;** New York, United States (Personal - *Personale*)

BIBLIOGRAPHY / BIBLIOGRAFIA

1966 **Enciclopedia Dell'Arte**, Edizioni SEDA; Milan, Italy

1969 **Il Progresso Italo-Americano**, May 18; New York, United States

1973 **Artists International** #9; New York, United States

1974 **Il Progresso Italo-Americano**, March 26; New York, United States

Il Progresso Italo-Americano, April 8; New York, United States

New York Park East, March 23rd; New York, USA

1977 **Annuario Comanducci** N.5, COMED; Milan, Italy

1978 **La Stampa**, October 25; Turin, Italy

1979 **Critica D'Arte Oggi**; Salsomaggiore Terme, Italy

Grande Dizionario Degli Artisti Contemporanei; Parma, Italy

Vademecum Dell'Arte; Florence, Italy

1980 **Galleria D'Opere D'Arte Contemporanee**, Edizioni Studio Arte; Piacenza, Italy

Catalogo Nazionale D'Arte Moderna, #16, Bolaffi *(Editore)*; Turin, Italy

1981 **Annuario Comanducci,** #8, COMED; Milan, Italy

Personaggi Contemporanei, Edizioni Accademia Italia; Salsomaggiore, Italy

Dizionario Di Artisti e Scrittori Contemporanei, Ursini *(Editore)*; Parma, Italy

1982 **Tra Due Sponde,** Edizioni Peloro; Messina, Italy

Arte e Società, Gennaio; Gela, Italy

L'Eroe Dei Due Mondi; Cagliari, Italy

Annuario Comanducci, #9, COMED; Milan, Italy

Mid-Times; Rome, Italy

1983 **Insieme Nell'Arte**; Palermo, Italy

Il Trittico; Trieste, Italy

Le Muse, 1983; Messina, Italy

Antologia Scrittori e Poeti Contemporanei

Dizionario di Artisti e Scrittori Contemporanei, Vincenzo Urini *(Editore)*; Italy

La Notte, May 10; Milan, Italy

Milano Mese, Maggio 1983; Milan, Italy

1984 **L'Italia in Versi**, Antologia Poetica, Edizioni Pungolo Verde; Campobasso, Italy

1987 **Corriere della Sera**, April 10; Milan, Italy

Il Giorno, 9 aprile, Milan, Italy

1994 **Una Chiesa, la Sua Storia, Il Suo Cammino**, Marzio Consonni e Raffaello Ciccone, punto Grafico; Legnano, Italy

1998 **L'Idea Magazine,** (Vol. I) Issue #72; New York, United States

America Oggi, December 5; New York, United States

1999 **La Gazzetta del Mezzogiorno**, October 12; Bari, Italy

2000 **Lettere pensieri appunti 1937-1979**, Tomaso Buzzi, Silvana Editoriale; Milan, Italy

2002 **L'Amico,** N.341; Cavenago D'Adda, Italy

L'Amico, N.347; Cavenago D'Adda, Italy

2008 **Caro Fantozzi**, Tiziano Thomas Dossena and Emilio Giuseppe Dossena, Scriptum Press; Ocala, United States

2009 **L'Idea Magazine,** (Vol. II) Issue #37; New York, United States

L'Idea Magazine, (Vol. II) Issue #38; New York, United States

2018 **Italians of Brooklyn,** Marianna Biazzo Randazzo, Arcadia Publishing; Charleston, United States

2020 **A Feast of Narrative,** Vol. I, Idea Press; Port St. Lucie, United States

A Feast of Narrative, Vol. II, Idea Press; Port St. Lucie, United States

A Feast of Narrative, Vol. III, Idea Press; Port St. Lucie, United States

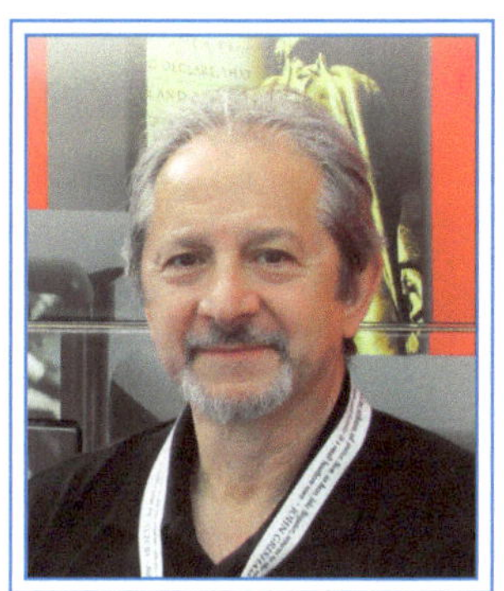

TIZIANO THOMAS DOSSENA

Tiziano Thomas Dossena is the **Editorial Director** of *L'Idea Magazine* since 1990, and founder and **Editor-in-Chief** of *OperaMyLove* and *OperaAmorMio* magazines.

He is the author of "*Caro Fantozzi*" (Scriptum Press, December 2008), and "*Sunny Days and Sleepless Nights,*" (Idea Press, 2016). He is the co-author of "*Dona Flor, An Opera by Niccolò van Westerhout,*" published by Idea Publications in April 2010, and four books on operas by Niccolò van Westerhout, *Colomba, Fortunio, Cimbelino* and *Doña Flor,* published by Idea Press in 2020. T.T. Dossena is also the editor of three anthologies, *A Feast of Narrative, An Anthology of Short Stories and Creative Non-fiction by Italian American Writers,* Volumes 1,2 and 3, published by Idea Press in 2020.

His work as an editor and publisher at Idea Press, and his articles on Italian traditions, art, and music as well as his articles on Italian Americans, are aimed at divulging to the greater public the importance of Italians in the American society as much as to focus on the difficulties Italians had to face and overcome to be part of this great nation.

In 2012, he was awarded the "Globo Tricolore Award," considered the Italian Oscar of the publishing industry, for his outstanding work as a publisher and a journalist. In the same year, he was asked by the City of Yonkers to read poems at the 9/11 Memorial ceremony. Dossena is the recipient of the prestigious 2019 Sons of Italy Literary Award.

His works have appeared in more than 100 magazines and anthologies in Italy, France, Greece, Switzerland, India, Canada and the United States.

Tiziano Thomas Dossena è direttore editoriale della rivista L'Idea dal 1990 e fondatore e direttore responsabile delle riviste OperaMyLove e OperaAmorMio.

Tiziano Thomas Dossena è l'autore di "*Caro Fantozzi*" (Scriptum Press, dicembre 2008), "*Sunny Days and Sleepless Nights*" (Idea Press, 2016), ed è coautore di "*Dona Flor, An Opera di Niccolò van Westerhout*", pubblicato da Idea Publications nell'aprile 2010, e quattro libri sulle opere di Niccolò van Westerhout, *"Colomba", "Fortunio", "Cimbelino" e "Doña Flor"*, pubblicati da Idea Press nel 2020. TT Dossena è anche l'editore di tre antologie, *A Feast of Narrative, An Anthology of Short Stories e Creative Nonfiction di Italian American Writers, Volumes I, II and III*, pubblicate da Idea Press nel 2020.

Il suo lavoro come editore ed editore presso Idea Press, e i suoi articoli sulle tradizioni, l'arte e la musica italiane, nonché i suoi saggi sugli italoamericani, mirano a divulgare al grande pubblico l'importanza degli italiani nella società americana e a informare sulle difficoltà che gli italiani hanno dovuto affrontare e superare per far parte di questa grande nazione.

Nel 2012 gli è stato assegnato il "Globo Tricolore Award", considerato l'Oscar italiano dell'editoria, per il suo eccezionale lavoro nell'editoria e per il suo lavoro giornalistico. Nello stesso anno, il Comune di Yonkers gli chiese di leggere poesie durante la cerimonia commemorativa dell'11 settembre. Dossena ha ricevuto il prestigioso premio letterario Sons of Italy 2019.

Le sue opere sono apparse in oltre 100 riviste e antologie in Italia, Francia, Grecia, Svizzera, India, Canada e Stati Uniti.

www.ingramcontent.com/pod-product-compliance
Lightning Source LLC
LaVergne TN
LVHW052255100826
845147LV00001B/49
* 9 7 8 1 9 4 8 6 5 1 1 6 5 *